绳索救援技术基础

胡 晔 编著

中国建材工业出版社

图书在版编目（CIP）数据

绳索救援技术基础/胡晔编著. -- 北京：中国建材工业出版社，2016.6（2025.1重印）

ISBN 978-7-5160-1434-9

Ⅰ.①绳… Ⅱ.①胡… Ⅲ.①绳索-应用-救援-基本知识 Ⅳ.①U298.6

中国版本图书馆CIP数据核字（2016）第078036号

内 容 简 介

本书主要内容包括：绳索救援系统构建的基本知识、常用绳索救援技术装备、基本绳结的制作、锚点选择与锚点系统的装配、主绳系统与确保绳系统的构成、下降与上升系统的装配与操作、下放与提升系统的装配与操作、伤员固定与护送等。

本书为国内第一本以双绳技术为基础的介绍绳索救援系统构建方法与操作程序的专题读物，能够作为消防、风力、海油、电力、防暴处突、灾害救援等各个专业领域中专题培训的基础资料，也可以作为政府应急部门、相关企事业单位、社会组织及社会公众学习自救、互救技能的指导性文献。

绳索救援技术基础

胡晔 编著

出版发行：中国建材工业出版社

地 址：北京市西城区白纸坊东街2号院6号楼

邮 编：100054

经 销：全国各地新华书店

印 刷：北京印刷集团有限责任公司

开 本：710mm×1000mm 1/16

印 张：7.75

字 数：150千字

版 次：2016年6月第1版

印 次：2025年1月第9次

定 价：46.80元

本社网址：www. jskjcbs. com 微信公众号：zgjskjcbs

本书如出现印装质量问题，由我社事业发展中心负责调换。联系电话：（010）63567692

前　　言

由于轻便性、快捷性、经济性、安全性等优点，绳索救援技术在山岳（野外）救援、高空救援以及水域、狭小空间、壕沟、竖井等救援方面都发挥着不可替代的作用，其救援效果得到了消防、电力、海油、风力、防暴处突、灾害救援等各个专业领域的广泛认可。

本书在总结国内外绳索救援相关案例的基础上，详细介绍了绳索救援专用器材的性能特点以及在不同灾害环境中的使用方法，分析了绳索救援系统的组成和构建原则，总结了绳索救援关键技术方法与操作程序。

本书的主要内容包括：绳索救援系统构建的基本知识、常用绳索救援技术装备、基本绳结的制作、锚点选择与锚点系统的装配、主绳系统与确保绳系统的构成、下降与上升系统的装配与操作、下放与提升系统的装配与操作、伤员固定与护送等。

本书为国内第一本以双绳技术为基础的介绍绳索救援系统构建方法与操作程序的专题读物，能够作为消防、风力、海油、电力、防暴处突、灾害救援等各个专业领域中专题培训的基础资料，也可以作为政府应急部门、相关企事业单位、社会组织及社会公众学习自救、互救技能的指导性文献。

由于时间仓促，编者水平有限，缺点错误在所难免，恳请读者批评指正，以便再版时修改。

本书的编著得到了公安部消防局、中国人民武装警察部队学院、公安消防部队昆明指挥学校、辽宁省公安消防总队等单位的大力支持和帮助，谨在此深表谢意。

编者

2016 年 6 月

目　　录

第一章　概　　述

绳索救援是指利用绳索将伤者或被困者从受困环境运送到安全位置的技术系统，主要包括用绳索做下降、下放与上升、吊运等环节。同时，完成绳索救援还需要有完善的风险评估、合理的救援方案以及过硬的操作技术。

由于绳索具有轻便、快捷、经济、破坏性小、使用范围广等优点，适宜于其他装备不宜开展或不经济的情形。因而，在山岳（野外）救援、高空轻生解救以及水域、狭小空间、壕沟、竖井等救援方面，绳索救援技术都发挥着不可替代的作用。

一、单绳技术及双绳技术

绳索救援技术在实用中可分为单绳技术及双绳技术。

（一）单绳技术

单绳技术（Single Rope Technique，SRT），即操作人员所有的行进、操作与防坠确保都在单一绳索（主绳）上完成。单绳技术是名副其实的“将生命系于一条绳索之上”。由于架设简便快速，适合大部分的架设环境，经常被运用在各种的高空娱乐运动（如攀降、溯溪等）之中。在救援过程中除非条件所迫，一般不予使用。

（二）双绳技术

双绳技术（Double Rope Technique，DRT）是在单绳系统外另行架设独立的绳索系统（确保绳系统），以备操作人员在主绳崩坏或断裂时作为防坠的确保绳。此外，如果主绳发生意外，确保绳亦可作为备用的主绳。

世界范围内，绝大多数国家的绳索救援都以双绳技术为基础。通过搭建双绳系统（主绳系统与确保绳系统），救援人员能够方便地进行上升、下降、横移、换绳、通过锚点、辅助攀登等操作，可以更安全、更有效地到达传统方式难以到达的位置，操作更灵活，成本更低，即使发生危险，也能确保操作人员的安全。在高空救援与自救方面，双绳技术具有更大的优势。

二、坠落与防坠

（一）坠落风险

坠落风险是在绳索救援过程中自始至终都需要密切关注的问题。通常情况下，坠落的严重程度取决于以下因素：

（1）操作人员的重量，包括其所携带的装备。重量越大，坠落时需要被消除的能量越多。

（2）坠落高度。坠落距离越大，坠落时需要被消除的能量越多；同时，撞击障碍物的可能性也越大。

（3）与固定点的相对位置。当操作人员移动到高于固定点位置时，潜在坠落的严重性增大。

（二）坠落系数

坠落系数（Fall Factor，FF），也叫冲坠系数，代表着一次坠落的强度，用以描述操作人员与固定点的相对位置以及坠落严重程度。坠落系数越大，坠落强度也就越高。它的理论数值通常在 0～2 之间，计算方法为坠落高度除以有效绳长，即

$$坠落系数=\frac{坠落高度}{有效绳长} \tag{1-1}$$

坠落系数及其影响对于制定救援方案、应用绳索实施救援作业非常重要。只有充分了解坠落系数的影响才能更准确地选取适当的装备，并在潜在风险不可接受时寻找替代方式。

图 1-1 显示了救援人员系缚于一条结实的水平锚点绳索三处不同位置的坠落风险。图 1-1 中 c 显示坠落系数 2 的情境（FF = 2），图 1-1 中 b 显示坠落系数 1 的情境（FF = 1），而图 1-1 中 a 显示极低的坠落系数情境（FF 几乎为 0）。

图 1-1 中显示的坠落系数的计算同样适用于使用其他锚点系缚方法的情况，例如通过吊索连接至一个固定在砖石结构或垂直锚点绳索上的锚点装置。

如果救援人员通过一条长 1m 的绳索连接至一个锚点，确保绳系缚点与锚点在同一水平位置（图 1-1 中 b），则潜在的坠落距离为 1m（不考虑绳索的延展性）。下坠的距离（1m）除以防坠绳索的长度（1m），得到坠落系数为 1（1 ÷ 1 = 1）。

使用同样长度的绳索，如果救援人员从锚点的高度往上攀爬至绳索容许的最大高度（如图 1-1 中 c），则潜在坠落距离为 2m，绳索的长度依旧为 1m（不考虑绳索的延展性），坠落系数为 2（2 ÷ 1 = 2）。

虽然图 1-1 中 b 与 c 的绳索长度相同，但是坠落的距离明显不同，因此结

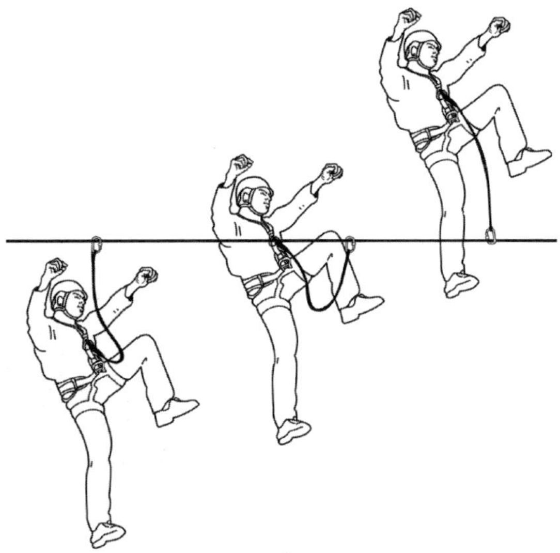

图 1-1　坠落系数示意图

a—非常低的坠落系数（几乎为0）；b—坠落系数为1；c—坠落系数为2

果也不同。图 1-1 中 c（FF = 2）救援人员与锚点所受到的冲击力明显比 b（FF = 1）要高出很多，同时与地面或构造物的潜在碰撞力也要大很多。

如果救援人员处在图 1-1 中 a 处，那么坠落的后果则比从 b 与 c 处坠落的后果的严重程度要低得多。下坠过程非常短暂，对救援人员与锚点的冲击力很小，因此救援人员落在构造物或地面的可能性最低，与构造物或地面碰撞的力量也很小。

坠落系数的计算有时候并没有表面上看来那么显而易见。在某些情况下，潜在下坠的距离与可能受到的冲击力会在未意识到的情况下增加。例如，一般的做法是通过锚点装备（绳环、扁带、吊索等）围绕锚点并通过一个绳环（扁带环）直接连接或通过吊索连接，随后用作供救援人员使用的挂点。如果救援人员在挂点上方移动（不建议），则挂点会高出其自然悬垂位置（最低位置）（图 1-2），从而影响潜在的坠落距离。

在图 1-2 描述的情境中，潜在坠落的距离与绳索长度已经没有直接关系，但是和绳索的长度加上从挂点自然悬垂的最低点到所能使用的最高点的距离有关系。潜在下坠距离的增加与扁带较差的缓冲吸能特性结合起来就可能对下坠的救援人员产生不可接受的冲击力，从而增加受伤的风险。增加了的潜在下坠距离也会增加救援人员与地面或构造物碰撞的风险。

增加了的下坠距离还可能出现不同于图 1-1 和图 1-2 中描述的情境。例如，如果锚点绳索或锚点吊腕带系缚于构造物上并可以自由滑动，正如系缚到一个晶格构造（不建议）的垂直断面或对角截面（图 1-3）。除了下坠距离延长，还会出现不当负荷与挂环故障的危险。

图 1-2　挂点升高增加潜在下坠距离

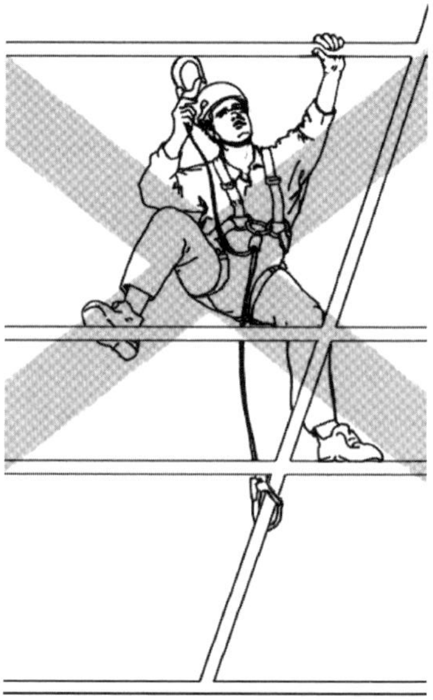

图 1-3　系缚点可以向下滑动增加潜在下坠距离

任何时候都要将坠落系数保持在尽可能低的值，这样在发生坠落时给救援人员带来的冲击力就可以减小到最低，这一点非常重要。如果所有连接部件的长度（例如安全钩加上绳索）保持尽可能的短，并且坠落系数也比较小，例如经常在挂点以下作业，这样救援人员与构造物或地面碰撞的可能性就越小，可能遭受的潜在冲击力也越小。

（三）坠落冲击力

坠落冲击力（Impact Force）是指人体在坠落后至绳索拉停的瞬间，其坠落能量传到绳索及锚点，再回传至人体的能量。坠落冲击力的单位为 kN，1kN≈100kg。

以 80kg 承重（包括操作人员及装备重量）为例说明坠落系数与人体所受冲击力的关系。

假定操作人员所用绳索为静力绳，即没有弹力。

当 FF =0 时，绳索绷紧，自然承重，80kg。

当 FF =1 时，人体所受冲击力为体重的 10 倍，约为 8kN。

当 FF =2 时，人体所受冲击力为承重的 20 余倍，达 16kN。

实验表明，人体所能承受的瞬间最大冲击力为 12kN。事实上，为安全起见，欧洲标准化委员会规定人体在任何时候都不应承受 6kN 或以上的下坠冲击力（经受过特殊训练的人，能承受 6.4kN 的冲击力）。在北美，美国和加拿大等国规定人体所能承受的最大冲击力为 8kN。过大的冲击力将导致操作人员重伤或锚点崩坏。

如果一款静力绳标明在 FF =0.3 时，首次冲击力为 5.6kN，则使用静力绳要尽量避免出现坠落系数大于 0.3 的坠落，也就是说无论任何时候要尽量让操作人员位于挂点或身体连接的锚点之下。而通常情况下，坠落系数超过 1 的情境属于严重错误，是不应允许出现的。

过分的冲击力会导致人体或是锚点的损害，所有的防坠落装备的使用和技术措施，都是为了尽可能地减小坠落强度（坠落系数），因为人体在任何时候都不应承受 6kN 或以上的下坠冲击力。而降低下坠冲击力主要采取以下两种措施：一是降低坠落系数，二是使用缓冲装备。

（四）防坠落装备

在利用绳索进行救援的过程中存在高空坠落的可能性时，需要使用防坠落装备，包含一款合适的全身式安全吊带和一套防坠落系统，以便将冲击力限制在一个可以接受的范围内。

防坠落装备本身并不能避免坠落的发生，而是保障发生坠落后不至于坠落到地面造成重大伤害或死亡。防坠落是进行绳索救援系统方案设计和系统装配要考虑的首要问题。其基本理念是：当佩戴全身防坠落装备，即使在 FF =2 时，也能保障救援人员所受的下坠冲击力在 6kN 以下，从而保障其生命安全。

进行绳索救援时，如果救援人员和被困人员一起向下冲坠，冲击力将全部作用于救援人员身上；如果救援人员所佩戴的不是防坠落装备，则其所受的伤害将是致命的。当 FF =1 时，救援人员所受的冲击力将达到 20kN 以上，而 12kN 已经超出人体的承受极限，这种情况下救援人员是很难存活的，同时锚点也容易崩溃。因而，防坠落技术与装备是极为重要的。

同时，下坠时经受的冲击力不仅取决于坠落系数与下坠距离，还取决于连接部件的特性，尤其是缓冲吸能特性。缓冲吸能特性非常重要，尤其是在高坠落系数情境下。缓冲吸能特性应当保持在一个可接受的水平（各个国家标准不一样）。

绳索缓冲吸能特性较差或潜在下坠距离较高时，有必要考虑配置专用缓冲器，使下坠时救援人员承受的冲击力降至最低。专用缓冲器被激活后，将沿着锚点绳索伸展滑移，使绳索的有效长度增加，从而以较长距离的下坠为代价换来冲击力的降低，但同时也增加了碰撞与受伤的风险。

由于充分利用了防坠系数的特点，某些具有缓冲吸能特性的个人防坠保护装置可以安全使用。与此同时，防坠系数也可以保持尽可能接近零的较低值。可以采用的方式包括：使用低延展性锚点绳索以实现更精确的定位与更高效的上升；在辅助攀爬时使用较短的非延展性连接部件以帮助操作人员保持体能、提高工作效率。因此，最好使用具有较低缓冲吸能特性以及非常低坠落系数的装备，而不是选用高坠落系数、高缓冲吸能特性的装备，使用后者会增加潜在的下坠距离以及与地面或构造物碰撞受伤的风险。

三、负荷要求

（一）基本概念

最低破断强度（Minimum Breaking Strength，MBS），指经由制造商列明的环境中，可以通过一个装备吊起的最大承重。该数据须由制造商测定后载明于装备说明书中。

工作负荷上限（Working Load Limit，WLL），指在实际工作当中，装备允许的最大承重负荷。

安全系数（Safety Factor，SF），为工作负荷上限与最低破断强度的比值，表示工作负荷上限不能超过最低破断强度某整数分之一。通常情况下，纤维类器材的安全系数（SF）为1∶10，金属器材的安全系数（SF）为1∶5。

最低破断强度用以决定此装备最大可以接受安全范围内的承受力。但现实操作中，操作人员绝对不可使用至最低破断强度的承受力，否则工作时的侧向移动所产生的拉力、少许的坠落系数所引起的坠落冲击力，都可能导致超过最低破断强度。

因此绳索救援操作中常采用实际工作负荷上限（WLL），其估算方法为：

$$\text{工作负荷上限(WLL)} = \text{最低破断强度(MBS)} \times \text{安全系数(SF)} \quad (1\text{-}2)$$

常用绳索救援装备负荷见表1-1。

表1-1　常用绳索救援装备负荷

装备	最低破断强度（kg）	工作负荷上限（kg）
10.5mm 低延展性夹芯绳	2700	270
11.0mm 低延展性夹芯绳	3000	300
安全钩	2200～2500	440～500
绳环	2200	220

（二）绳索救援系统承重设计

承重设计（Designed Loading）是指在进行绳索救援操作时绳索系统可以承受的最大承载重量。绳索救援系统的承重设计，不同国家有不同的规定，欧洲标准通常规定为200kg，北美标准则规定为280kg。

欧洲标准的承重设计为200kg，其基本假设为：假定被困人员体重为80kg、救援人员体重为80kg、所有技术装备（含担架）重量为40kg。北美标准的承重设计为280kg，其基本假设为：假定被困人员体重为300磅、救援人员体重为300磅。

在进行绳索救援系统设计时，必须考虑系统各个组件的工作负荷上限，及在装配过程中强度弱化的情况。

1. 绳结强度

当救援绳笔直时它的强度是最强的，任何对绳索造成的弯曲都会使它的强度变弱，造成的弯曲越紧，绳索强度越弱。

在一条笔直的夹芯绳上，全部的受力被平均地施加在绳体上，因此绳的外皮和内芯的受力也是平均分摊的。绳的弯曲或是挤压，会造成外皮的绷紧和内芯的压缩，绳的内外将不再是平均地分摊受力。结形半径较大的绳结的强度通常大于结形半径较小的绳结。同样的，一条绳绕过一个大树干的强度大于一条绳索穿过安全钩的强度。

绳索经过绳结的反复弯曲之后，原本的强度会降低，负重的能力也会降低。例如强度40kN的两条救援绳，经过双渔人结的连接之后，强度可能仅剩余70%（约2800kg）。此时，救援人员用于垂降或拖拉重物时，负重不应超过1/10（纤维类装备安全系数为1∶10），即280kg。否则当发生坠落冲击力过大时，绳索在绳结处可能突然断裂。绳结会使绳的强度弱化（表1-2）。

表1-2　不同绳结的弱化程度

绳结	强度（%）
直绳	100
布林结	55～74
蝴蝶结	61～72
反手结	58～68
8字结	66～77
双环8字结	61～77
双渔人结	65～80
水结	60～70

续表

绳结	强度（%）
8 字接绳结	70 ~ 75
双平结	43 ~ 47
卷结	60 ~ 75
双半结	60 ~ 75
鞍带结	40 ~ 75
系木结	65 ~ 70

根据绳结的类型、系扣的精度与整齐度，绳结所造成的绳索强度的降低也各有不同。整理绳结，确保绳结位置的绳索平行并且系紧，称之为包扎。一个包扎完好的绳结与包扎不完善的绳结在强度损失方面也有不同（表 1-3）。

表 1-3　绳结包扎对绳结强度的影响

绳结名称	包扎完好的绳结强度损失（%）	包扎不完善的绳结强度损失（%）
吊板结	23	33
单环 8 字结	23	34
绳环 9 字结	16	32
反手结	32	42
邦尼结	23	39
蝴蝶结	28	39
称人结	26	45

2. 系统强度

绳索救援系统由绳索及其他组件装配而成，执行上升、下降、悬吊、支持、拖拉操作。当系统的强度不足以承担负荷的重量时，将会导致系统停止工作或是系统崩溃，甚至相关组件损毁、负荷坠落。

系统强度用系统安全系数（System Safety Factor，SSF）来表示。系统安全系数取决于绳索系统中最低破断强度（MBS）最小的组件，即系统安全由系统中最薄弱的组件决定。

如图 1-4 所示，系统中自上而下各组件的最低破断强度依次为：篮结制作的锚点 21kN，安全钩 30kN，单环 8 字结 30kN，安全绳 40kN。其中，系统最薄弱部位在篮结制作的锚点处，最低破断强度为 21kN。当前工作负荷为 2kN，可得系统安全系数为：

$$SSF=\frac{2kN}{21kN}=1:10.5 \tag{1-3}$$

如图 1-5 所示，系统中自上而下各组件的最低破断强度依次为：通过“绕二（圈）拉一（圈）”制作的锚点 43kN，安全钩 30kN，单环 8 字结 30kN，安全绳 40kN。其中，系统最薄弱部位不再是在锚点处，而是在安全钩处，最低破断强度为 30kN。当前工作负荷为 2kN，可得系统安全系数为：

$$SSF=\frac{2kN}{30kN}=1:15 \tag{1-4}$$

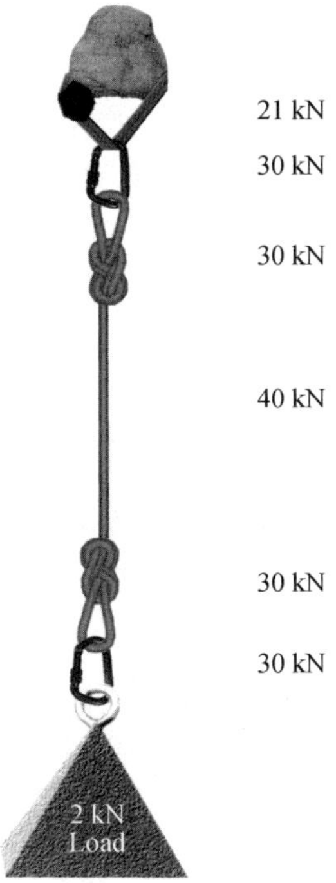

图 1-4　系统装配范例（一）

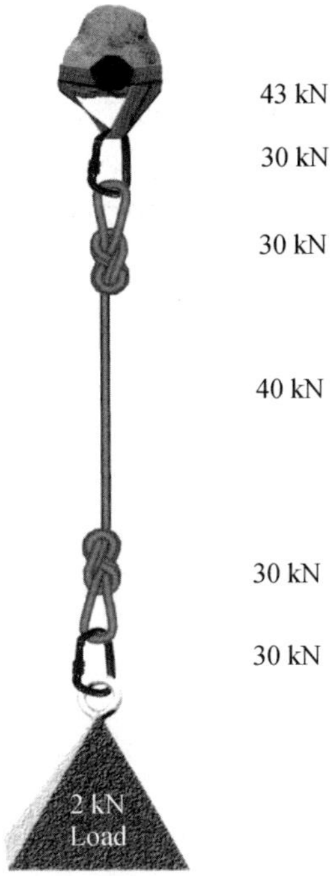

图 1-5　系统装配范例（二）

由图 1-4 与图 1-5 对比可知，通过改变锚点的安装方式，可以提升系统强度（从 1：10.5 提升到 1：15）。

当绳索救援系统中使用滑轮后，须根据滑轮的用途计算系统相关组件（与滑轮相连接的安全钩、锚点等）的工作负荷，即滑轮的工作负荷取决于系统工作负荷、滑轮的安装方式及其受力角度（图 1-6）。

在使用省力滑轮组时，需要根据滑轮的装配方式逐一分析各个滑轮（及其相关组件）的负荷情况，以准确进行系统强度分析。

如图 1-7 所示，系统中自上而下各组件的最低破断强度依次为：通过“绕

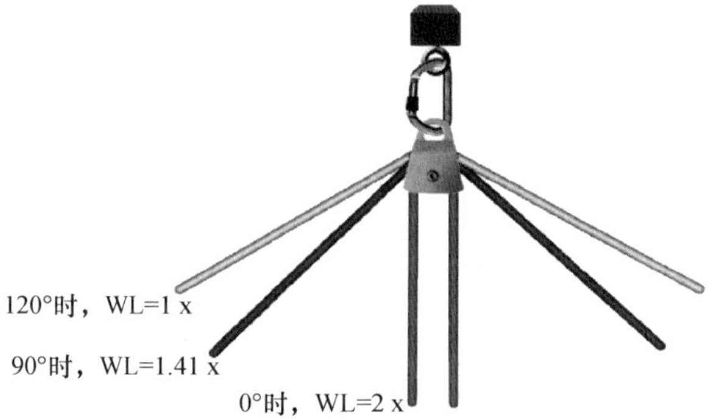

图 1-6 定滑轮受力分析

二（圈）拉一（圈）”制作的锚点43kN，安全钩30kN，单环8字结30kN，滑轮35kN，安全绳40kN。其中，系统最薄弱部位在安全钩处，最低破断强度为30kN。此时，安全钩处的工作负荷不再是2kN，而是4kN，故系统安全系数为：

$$SSF=\frac{4kN}{30kN}=1:7.5 \tag{1-5}$$

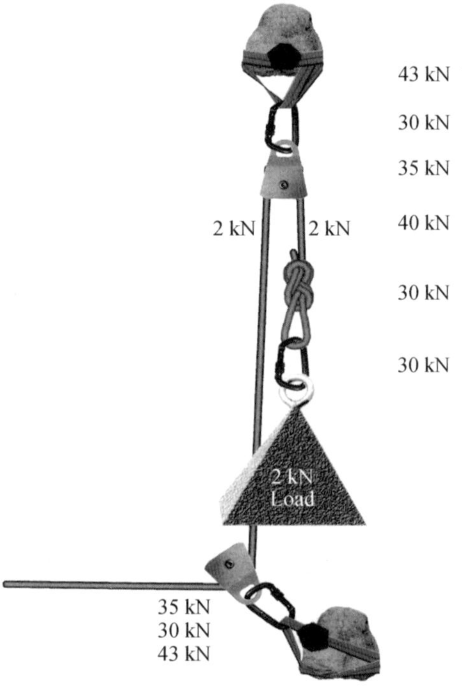

图 1-7 系统装配范例（三）

系统的安全系数低于 1：10 的最低要求，因此，必须更改系统装配方法。可以通过更换相关组件、使用最低破断强度更大的安全钩和滑轮，增加系统的安全性（图 1-8）。

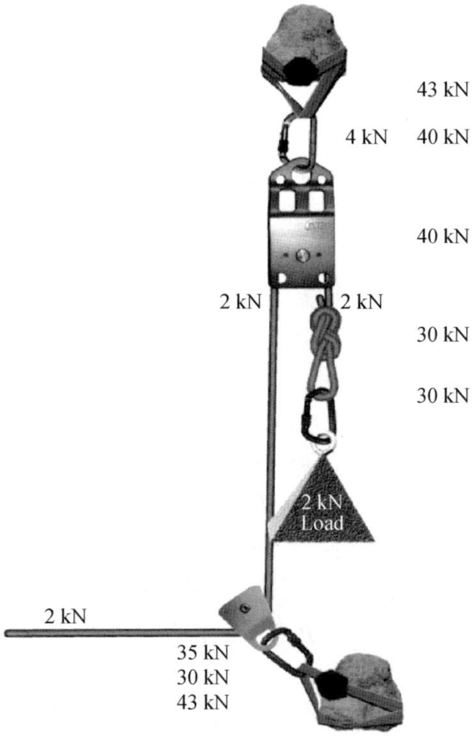

图 1-8　系统装配范例（四）

四、悬吊创伤

悬吊创伤（又称悬吊耐受性差、安全带诱导的病变等）是指悬吊人员身着安全带时出现的可能导致无意识甚至死亡的某些不良症状的身体状态。出现这种状态的原因是身体无法在保持静止不动时耐受直立姿势。容易受影响的通常是以直立姿势悬吊并保持身体静止不动的悬吊人员，包括受重伤、无意识或在担架中垂直固定的人员。

（一）悬吊创伤形成的机理

当身体处于直立姿势悬吊时，大量的血液淤积于腿部静脉血管中，使之有足够的能力进行大范围扩张。静脉血管中出现大量血液，称之为静脉血淤积。静脉系统中留存大量血液，减少了血液的循环量，并导致循环系统的紊乱。这会导致大脑供血的显著减少，并出现一些症状，包括昏眩、恶心、呼吸暂停、视觉干扰、脸色苍白、眼花、局部疼痛、麻木、潮热，最开始脉搏血压升高，然后血压降至一般水平以下。这些症状被称为昏厥前期，如果这种状态未被察觉，则可能导致无意识（昏厥），最终死亡。其他严重依赖稳定供血的器官（例如肾脏）也可能会受损，并带来严重的后果。即便是非常健康的人，也可能无法免疫悬吊耐受性差的影响。

（二）悬吊创伤的预防

大腿的正常移动（例如上升、下降或悬吊作业）可以激活肌肉，从而将大量血液淤积在静脉血管以及昏厥前期开始发作的风险降至最低。因此，建议保护带的腿环留有足够的宽度，而且易于调整。这将有助于分散负荷，减少血液流经大腿动脉与静脉血管时可能遇到的阻碍。如果需要保持某个姿势较长时间，则应当考虑采取其他安全措施。

已有案例证明，在绳索救援环境下会发生悬吊耐受性差效应。因此，需要一个有效的营救计划来确保发生事故后伤员能够迅速从悬吊位置撤离，并获得适当的现场救护。伤员在悬吊位置静止不动的时间拖得越长，出现悬吊耐受性差效应的可能性就越大，同时后果可能也越严重。

身着安全吊带等候营救的悬吊人员将膝盖抬高可能会减小悬吊创伤的影响。营救过程中，在保证安全的前提下，伤员自行（或借助营救者）抬高并移动大腿会对伤情有所帮助。伤员应当尽快从悬吊状态转移。对于无法行动的伤员来说，这一点尤其重要。

营救人员应当能够识别悬吊昏厥前期的症状。通常情况下，无法行动且头朝上悬吊，大多数正常的试验者会在一个小时内、20%的试验者在10分钟内出现昏厥前期症状（有时候会出现昏厥），随即会在不可预测的时间内出现昏厥。

（三）悬吊创伤的急救

营救期间与实施营救后，应当按照标准的急救指导来操作，重点是气道、呼吸与循环管理（ABC）。伤情的评估应当包括颈部、背部与重要的内脏器官的损伤。研究与评估中给出的建议是，意识完全清醒的伤员应当平躺，半清醒的或无意识的伤员应当放置在复原体位（也被称为开放气道体位）。

所有身着安全吊带悬吊且无法行动的伤员应当立即送往医院接受进一步专业的医学救治与观察，告知医疗人员伤员可能受悬吊创伤的影响。

第二章　器　　材

绳索救援过程中，救援人员需要悬挂于绳索之上，其人身安全完全依赖于救援器材的支持与保护。由于这些装备与救援人员及被救人员的生命息息相关，其抗压性或断裂负荷必须能保证长时间、高耐力使用，并符合相关标准。

第一节　人造纤维类装备

一、绳与索

绳索是绳与索的合称。

（一）绳

1. 螺旋绳与夹芯绳

绳（Rope），根据质地可分为钢丝绳与纤维绳。由于钢丝绳不能打结，在绳索救援过程中应用最为广泛的是纤维绳。根据编织方式，纤维绳可分为螺旋绳和夹芯绳。

螺旋绳，系传统类高弹力绳索，制造简单，由三股绳旋转而成（图2-1），生产成本较低。螺旋绳延展性较大，延展率通常大于30%，不适合于绳索救援，尤其是高空救援。股绳外部没有绳皮保护，容易磨损、破损、老化，使用寿命低，在恶劣环境下更容易崩溃，安全性较低。

图2-1　螺旋绳

夹芯绳（Kernmantel Rope），是由绳芯（Core）和绳皮（Sheath）组成的纤维绳（图2-2）。绳芯的作用主要是吸收冲击力，绳皮的作用是保护内芯、增强其耐磨损性能。不论绳芯或绳皮，其绳股应该一线到底，不可有打结连接的情况，绳股的材质必须是强化尼龙或强化特多龙（耐酸碱性较好）。绳芯是平行并列或编成辫状的尼龙丝，占全绳重量的大约40%，是绳索的主要受力部位。绳皮则是交错编织而成，用以保护绳芯及提供咬齿式上升器咬合，并且具备足够的摩擦力供下降器通过及掣停。

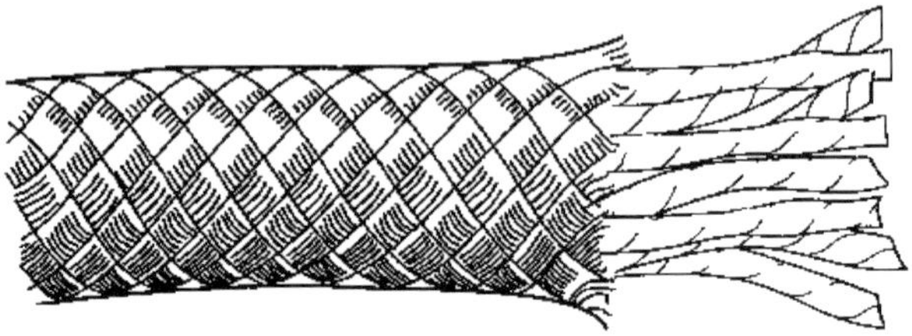

图 2-2　夹芯绳

欧洲标准化委员会（Committee of European Normalization，CEN）、美国消防协会（National Fire Protection Association，NFPA）、我国全国消防标准化委员会均规定救援机构在绳索救援过程中一律使用夹芯绳。

2. 静力绳与动力绳

静力绳（Low Stretch Kernmantle 或 Static Ropes），即低延展性绳索（图 2-3），用于下降、拖拉或提升的救援绳。由于延展性较低（仅 2% ~3%），稳定性较好。但因为弹性低，无法有效吸收坠落冲击力，如果坠落系数过大，在坠落时可能造成严重伤害或者锚点遭到拔除。救援主绳通常使用低延展性绳索，能够长时间承载救援人员的体重与器具，沿绳上升、下降、移动并发挥防坠保护的作用。

动力绳（Dynamic Ropes）的静态延展性约 6% ~9%，但动态延展性（如突然坠落）可能达到 30% 以上。这种优越的弹性可以吸收使用者坠落时的冲击力（图 2-4），避免冲击力传导至人体导致严重受伤。

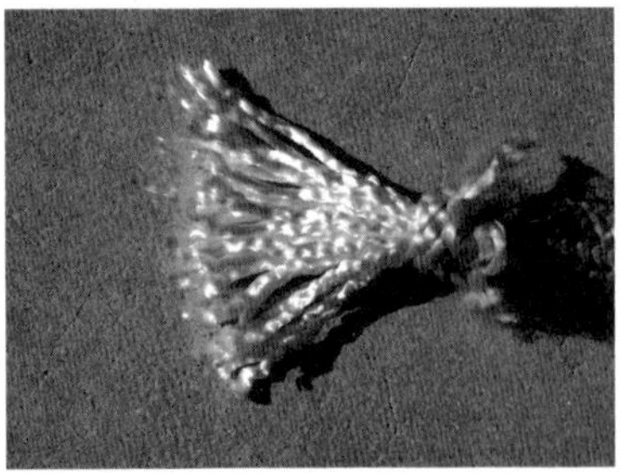

图 2-3　静力绳

图 2-4　动力绳

动力绳主要应用于攀岩。攀岩者在攀爬时，其绳索并未承重，但当攀岩者突然坠落时，其坠落系数经常高于 1，唯有动力绳能有效吸收其坠落冲击力，以避免攀岩者受伤或锚点损坏。

动力绳可以作为辅助绳随身携带，当悬吊在高空或外墙上时，连接于安全吊带和挂点（工作面或主绳）之间，挂点必须高于身体，当坠落突然发生时，坠落距离可以低于安全绳的长度（坠落系数 FF <1）。

动力绳也可以作为定位绳，将它连接至安全吊带两侧的 D 环，再环绕挂点（如柱或树）使身体能稳定地在一个位置实施定位和救援，又可保留一些伸缩弹性。

3. 安全绳

安全绳（Life Safety Rope），在绳索救援过程中作为主绳（Main Line）和确保绳（Belay Line），需要承受系统负荷的重量（救援人员、被困人员、担架等救援器材及绳索、配件等的重量）以及在操作过程中因加速而产生的不可预知的力。

安全绳分为轻型安全绳和通用型安全绳。轻型安全绳的最低破断强度应不小于 20kN，仅适用于救援人员个人的技术下降或上升；通用型安全绳的最低破断强度应不小于 40kN，可承载两人，用于救援伤员或受困人员。

根据欧盟的标准，欧洲绳索救援一般采用的是直径 10.5 ~11mm 的通用型安全绳，并与欧洲标准体系的其他装备兼容使用。北美绳索救援则主要使用直径 12.7mm 的通用型安全绳，并与北美绳索救援系统的装备体系和救援技术自成体系。如无特别说明，本书中的“安全绳”系指通用型安全绳。

4. 相关信息

使用夹芯绳工作之前，必须先了解这条绳的性质。制造商通常在绳头上标明以下信息：

（1）绳的属性：静力绳或动力绳。

（2）绳长：绳长必须长于救援区域锚点至地面的距离，并预留 3m 以上的余绳。

（3）直径：绳的直径。通常情况下同类夹芯绳的直径越大，设计负荷越大。

（4）出厂日期：强化尼龙会随时间老化，经常使用的救援绳，1 年之内必须淘汰。即使从未使用的绳索，在保存良好的情况下，出厂超过 10 年以上也应予以更换。

（二）索

索（Lanyard），也称吊索，根据质地分为钢索与纤维索。以钢丝绳或纤维绳（扁带）为主体，头端制成挂环或加挂钢质挂钩（图 2-5），常用于锚点固定和辅助连接，在工业领域应用较为广泛，较少作为救援用途。

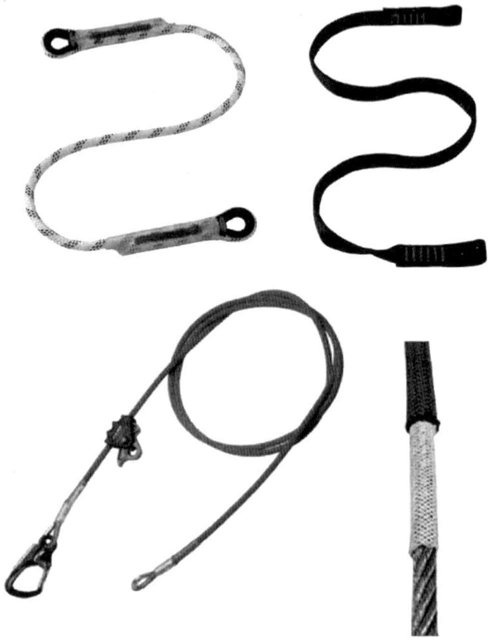

图 2-5　索

二、扁带与扁带环

扁带（Webbing）和扁带环（Sling）是最佳的锚点系统装配器材，能够提供灵活、安全、平均受力的锚点系统。

扁带一般由尼龙制成，根据其结构分为平扁带（Flat/Solid Webbing）（图 2-6）和管状扁带（Tubular Webbing）（图 2-7）。

图 2-6　平扁带

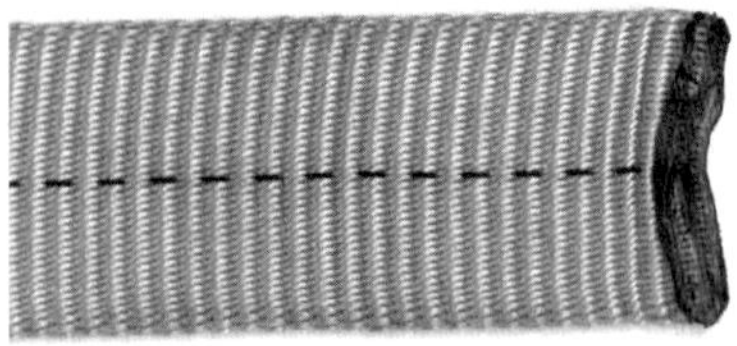

图 2-7　管状扁带

平扁带为单层扁带，管状扁带是将平扁带对折后将底边缝制后形成的。救援当中使用的扁带基本都是管状扁带，其耐磨性较好。

直径为 1″（约 2.54cm）的扁带最为常见，颜色往往因长度不同而有异。

使用时，挑选适当长度的扁带缠绕梁、柱、钢构、岩石点等锚点，下方放置安全钩，即可垂挂主绳和确保绳。

将扁带两端固定即成扁带环（图 2-8）。制造商通常会裁剪不同直径、长度的管状扁带，将两端妥善收尾和缝合，制作成品扁带环。也可以根据救援现场需要，将扁带两端连接，制作水结，即成扁带环。使用扁带环可以快速架设锚点系统。

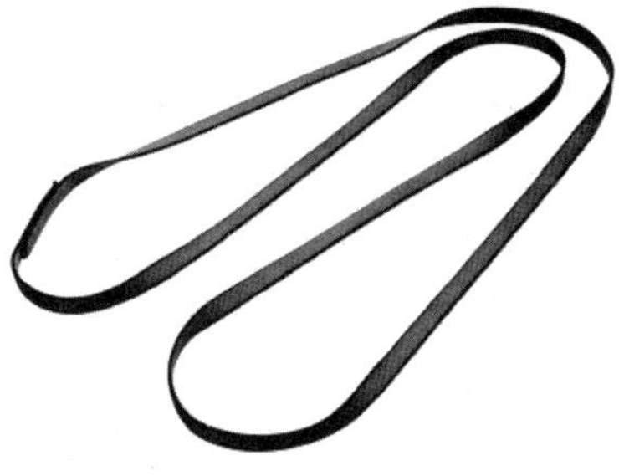

图 2-8　扁带环

三、头盔

在绳索救援中，头盔（Rescue Helmet）能够有效避免可能遭遇的上方重物落下或短距离坠落所导致的危险（图 2-9）。因此，头盔必须能稳固地维持于头部，以吸收和分散下坠冲击力，减弱撞击损伤。下颌带与内衬必须坚固且易于调整。通常情况下，盔顶应能承受至少 5kg 物体自 2m 高度落下的撞击而不破损，耐 440V 电压，防火阻燃。头盔一侧应有夹扣以备头灯固定，可于暗处工作。头盔应有透气孔，可帮助盔内散热，在炎热的天气条件下降低救援人员中暑的可能性。

图 2-9　头盔

经常检查头盔，如果外壳有变形、裂痕或内衬接着点已受损，或下颌带有破裂或腐蚀的情形，应立即更换头盔。品质不良的头盔，由两侧向内轻压即有破裂声音。

四、安全吊带

安全吊带（Harness）是取代人体而与绳索系统连接的直接接口。设计良好的工作吊带，必须能将体重压力和下坠冲击力充分地分散到身体各部位，并提供救援人员长时间吊挂的舒适性。救援时可使用救援专用的全身或座式（半身）吊带，其中，以全身吊带的功能最为齐全。

救援专用全身式安全吊带（图 2-10）通常在胸部、腹部及后背各有一个 D 形环作为主要吊挂系缚点，用于支持人体或水平移动时防止坠落，供上升器、下降器、安全绳等使用；腰部两侧另有两个 D 形环供水平系缚点，以维持工作位置。肩带、腰带及腿环必须加厚加宽设计并可于工作中轻易调整松紧，采用透气缓冲材料，使人体能承受长时间的高空悬吊作业。腰带两侧各配置一个以上工具挂环（纤维结构，承重 10kg 以上），以整齐吊挂工具而不散落，但切不可用为确保装入点或定位点。穿着吊带时，要将腰带置于髋骨上，将织带拉至最紧，将剩余织带反扣至固定环内，以避免使用中松脱。

图 2-10　全身式安全吊带

座式安全吊带（图 2-11）是执行简单救援作业时的便利选择。如果需要执行较为复杂的救援工作，可以另外连接一件胸式安全吊带（图 2-12）以组合为一套简单的全身式吊带。

图 2-11　半身式安全吊带

图 2-12　胸式安全吊带

五、势能吸收器（缓冲包）

人体在坠落后经由绳索在空中拉停的瞬间，这个下坠能量会传导至锚点与人体，此时人体与锚点承受了相同的冲击力。通常情况下，超过 6kN 的冲击力将会使人体严重受损，也可能损伤锚点而使得绳索系统崩解。

救援过程中，可以使用两种方法降低坠落冲击力：一是在系统设计时降低坠落系数（Fall Factor），二是使用势能吸收器（Energy Absorber）（图 2-13）作为缓冲器材。

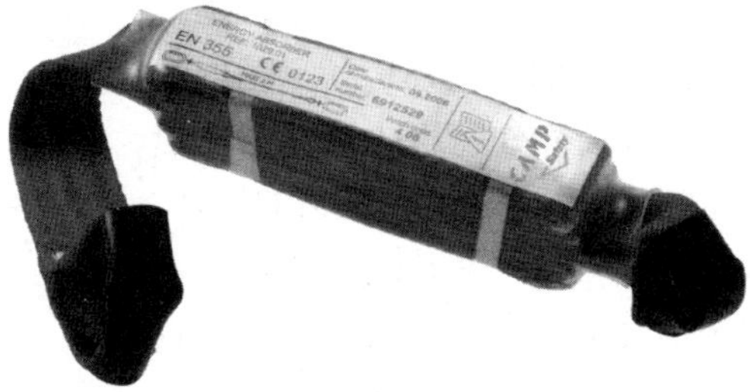

图 2-13 势能吸收器

使用势能吸收器时，切记应装置于靠近人体的一端而非锚点一端。大部分势能吸收器是以织带折叠后缝合而成。救援人员坠落后，拉扯势能吸收器，通过将内部织带拉出、缝线撕裂来吸收坠落冲击力。凡是织带曾拉开使缝线撕裂后的势能吸收器绝不可重复使用。

六、装备包袋

1. 绳袋

安全绳为生命之所系，平时应保证其清洁干燥，整理完善，避免纠缠。绳袋（Rope Bag）为必备的保存及理绳工具，便于背负携带或保存，到达工作处所即可立即解开使用。

理绳时，将绳尾结于绳袋底部的绳尾环中，顺序将绳投入绳袋，绳头再结于绳袋顶部之绳头环中。

2. 绳具背包

绳具背包（Tools Bag）是救援人员经常使用的器材背包，所有的个人保护器材、金属器具、绳索等绳索救援所使用的装备器材，应整齐地钩挂排列其内并方便取用。拉链自顶至底拉开可完全展开背包，检查及取用装备。内置大块绳布，以隔离灰尘，保持理绳时的清洁，并备有防水内袋以存放绳索及配件的使用保养记录。

第二节　金属装备

一、安全钩

安全钩（Carabiners）是用以连接绳索、扁带与锚点、器材等最常用的连接工具。最低破断强度通常要求至少在15kN（1500kg）以上。在绳索救援中使用最为广泛的是D形安全钩（图2-14）。

安全钩环需附锁闭功能。锁闭功能分为手转锁与自动上锁两类。手转锁适合大部分的环境使用，但在连接后必须即刻上锁，否则在操作过程中可能因不慎的器材碰撞导致锁门开启而发生意外。未上锁的钩环，就如同闸门开启的状态，它的拉力（破断负荷）远低于已上锁的状态。例如铝合金安全钩，上锁后的垂直拉力是25kN，未上锁时垂直拉力仅有7kN。

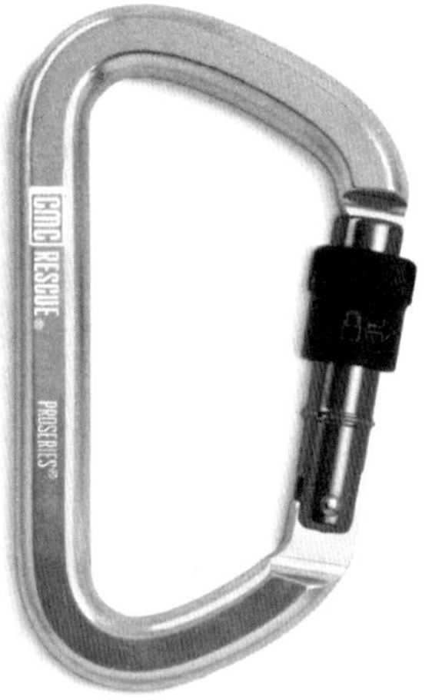

图2-14　D形自动上锁合金钢制安全钩

为了避免救援人员忘记上锁而导致意外，购买自动上锁安全钩是一个好方法。但是，自动上锁功能的安全钩在夹杂泥沙的情况下可能失效。

未附锁的安全钩，仅适用于攀岩时所用的快挂（Quickdraw），切不可用于高空救援的绳索系统。

安全钩的材质通常分为不锈钢（Inox）、合金钢（Steel）或铝合金制造。钢制安全钩的质地较坚硬而沉重，适合用于连接锚点或与尖锐金属器材接触，例如连接安全吊带和下降器。铝合金钩环的破断负荷并不逊于钢制品，铝质安全钩相对而言重量较轻，适合连接个人防护装备的各项器材及随身携带多个备用。但铝合金较不耐切割，使用时应避免与其他锐利金属钩挂。

应经常检查安全钩的外形，如果有变形或切痕应该立即丢弃不再使用，如有泥沙或铁屑等侵入锁牙，应立即清洗。合金钢安全钩在使用后应使用防锈剂保养并储存在专用容器内。安全钩若不慎从高处（2m以上）坠落于坚硬的地面后，其外形即使无损，其内部合金成分可能已有严重的损伤，应该丢弃而避免再次使用。

二、下降器

下降器（Descenders）通过安全钩与安全吊带相连接。绳索在通过下降器时会产生额外的摩擦力，救援人员可以通过控制下降器调节绳索通过的速度，安全地以适当的速度下降至目标地点。

（一）无自动掣停功能的下降器

早期的下降系统使用简单而没有自动掣停功能的下降器，完全使用制动手（通常为右手）以控制下降速度及掣停。如果救援人员不慎松手，下降系统会失效而发生坠落。这一类下降器包括8字环、排型缓降器等。经验丰富的救援人员会在下降器上方安全绳上使用辅助绳制作普鲁士结，连接安全吊带腰间D环，或在下降器的下方安全绳上用辅助绳作自锁结或普鲁士结连接安全吊带腿环，以制造自动掣停功能，避免上述意外的发生。

1. 8字环

8字环（Figure 8）通常包括上、下两个环，上方为大环，下方为小环。下方小环用于连接安全钩，上方大环用于通过绳索，产生摩擦力，控制下降速度。传统8字环（图2-15）两侧是光滑的，救援8字环（图2-16）两侧突出的部分称为8字环耳，用于配合上方大环制造摩擦力。

图2-15　传统8字环

图2-16　救援8字环

8字环主要用于技术下降和下放，通过调整摩擦力控制下降或下放速度，易于系缚。不足之处在于所产生的摩擦力有限，在长距离下降（下放）时操作效果不佳。

2. 排型缓降器（Brake Bar Rack）

排型缓降器采用倒U形框架，较长的一端焊接成环，通过安全钩连接至安全吊带腹部D环；较短的一端底部为螺帽。U形框架之间是5～7根横杠，横杠一端有圆形孔洞，可以上下滑动、左右旋转；另一端有卡槽，相邻两横杠从不同方向卡于U形框架上（图2－17）。

排型缓降器主要用于技术下降和下放，通过调整摩擦力控制下降或下放速度，不会造成绳索的扭转。不足之处在于与绳索的连接过程较为复杂。

（二）自动掣停式下降器

自动掣停式下降器，最重要的是自动掣停（Self-braking/Auto-braking）功能，当救援人员在任何原因（如暂停、撞击、惊慌等）导致操作松手时，下降系统会呈现自动刹车然后静止的状态。救援人员可以安全地悬挂于该位置，腾出双手开展救援或进行其他相关处置。当救援人员再度按压下降器手柄时，方能继续下降。

由于生产厂家不同，自动掣停式下降器的结构、功能、操作方法不尽相同。使用自动掣停下降器前，使用者必须充分了解其构造与功能，才能安全有效地进行操作。当前的自动掣停式下降器以法国 PETZL 公司的 STOP 和意大利 CAMP 公司的 I-BLOCK 为代表。

图 2-17　排型缓降器

1. PETZL STOP

使用 STOP 时，在装绳前要先打开侧板，将绳索由下方绕向上方，套住两个摩擦轴后，再合上侧板，手动上锁（图 2-18）。STOP 的侧板可开，便于在操作过程中实施系统转换（上升系统转换为下降系统）时迅速装绳。但是，如果操作不熟练，可能有脱绳的危险。

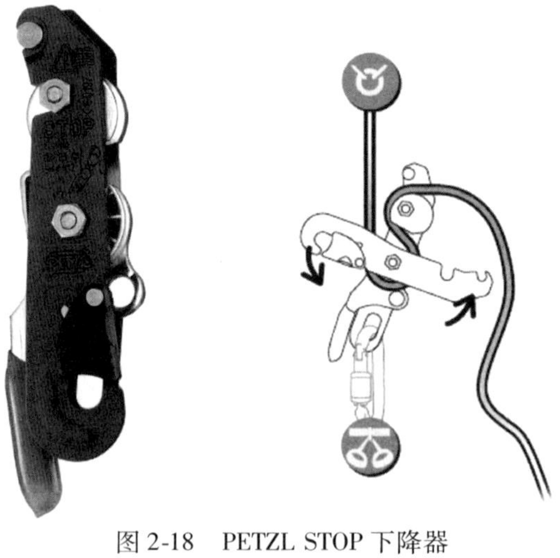
图 2-18　PETZL STOP 下降器

STOP 中绳索走向为倒 S 形，承载救援人员下降时，安全绳受力，经过两个铝制摩擦轴，使得下降速度大幅减缓。通常 STOP 无法在夹紧后立即掣停，安全绳仍会缓缓通过下降器。如果使用比较光滑的安全绳（特别是安全绳经耐磨或防蚀处理后），掣停的效果不佳。因此必须另行手动上锁，即用制动手将安全绳塞进安全钩，拉出一个绳耳，向上套住 STOP 后拉紧安全绳（图 2-19）。

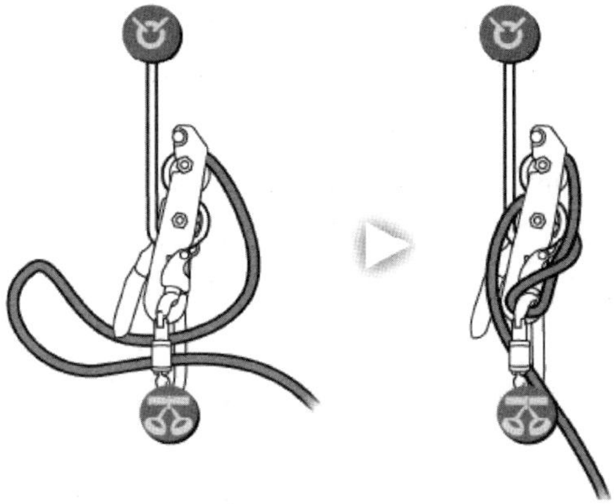

图 2-19　STOP 手动上锁

STOP 没有防恐慌功能。救援人员悬吊空中时，在忘记手动上锁的状态下，若不慎误触了握柄，将会发生无预警的坠落。因此，救援人员必须反复练习，牢记随时上锁，并形成习惯性动作，凡停下则立即上锁。

STOP 适用于直径 10 ~ 11mm 的编织绳。有些绳索表皮比较光滑，STOP 可能无法创造足够的摩擦力以掣停。在使用一段时间后，STOP 的夹绳功能也有可能衰退，因此，在下降之前最好能先在安全的地方低空试降。

STOP 的上摩擦轴内部有一个圆形凸点，在此凸点被绳索磨平时，即表示使用寿命已尽，应立即报废并更换。

2. CAMP I-BLOCK

使用 I-BLOCK 下降器，在装绳时无需打开侧板，安全绳由下方孔进，上方孔出，套住两个摩擦轴后，即进入上锁状态（图 2-20）。

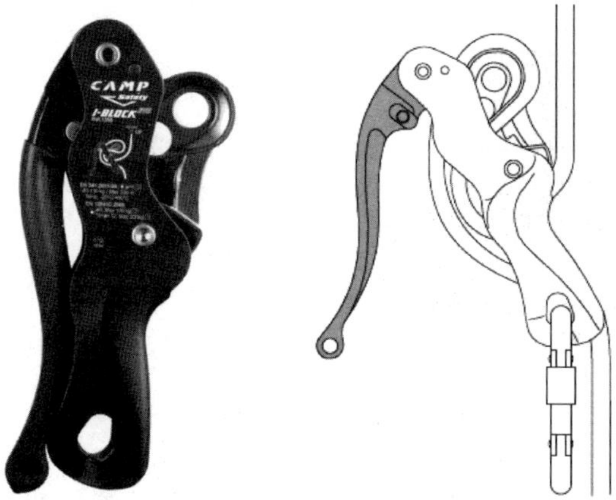

图 2-20　CAMP I-BLOCK 下降器

I-BLOCK 中绳索走向为倒 S 形，承载救援人员下降时，绳索经过两个铝制摩擦轴，大幅减缓绳索通过（下降）速度。在 I-BLOCK 握柄的顶端有一个控绳轴，当安全绳受力后，控绳轴与摩擦轴自动趋近并互相挤压绳索，使绳索无法通过，达到自动掣停的目的，免除了忘记上锁的风险。

I-BLOCK 控绳轴的下方设有控绳点，当救援人员压握控制手柄过度时，控绳点即紧压绳索，使绳索无法通过，达到自动掣停的目的，也免除了误触握柄的风险。

I-BLOCK 适用于直径 10～12mm 的编织绳，针对几乎任何形式的编织绳都能够制造良好的摩擦力，实施自动掣停。只要金属结构未变形，可以持续使用。由于控绳比较紧，I-BIOCK 在操作时的灵活性不如 STOP。

（三）结合了上升器的自动掣停下降器

新一代的下降器结合了上升器，救援人员在工作现场不论欲上升或下降均可以使用同一器具，不需进行转换，同时也避免了在高空转换系统的麻烦与风险。这种下降器均配备了防恐慌功能，在手柄按压过度时，自动卡紧上锁，救援人员必须将手柄回扳开锁之后，才可以继续操作。这一功能能够让救援人员避免突然急降的风险。

结合了上升器的自动掣停下降器，不论是在自动上锁、防恐慌或灵活性上都优于上述单纯的自动掣停下降器。如果救援人员并非单纯地下降，而必须在绳索上进行上升与下降的转换，使用这种结合了上升器的下降器可以达到较为理想的效果。这一类下降器已经逐渐取代传统的单纯自动掣停下降器。

CAMP 公司制造的 AXEL（图 2-21）、PETZL 公司制造的 I’D S（图 2-22）等在原厂设计时都增加了防恐慌功能，即当手柄按压过度或收回时，手柄的两侧均可自动刹车。

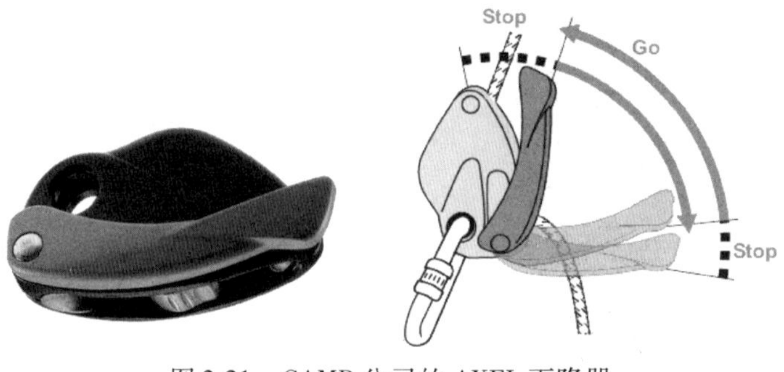

图 2-21　CAMP 公司的 AXEL 下降器

另外，与传统下降器（如 8 字环、排型缓降器等）相比，自动掣停下降器的散热性均较慢，在下降时不可速度太快（不超过 2m/s）。否则下降器与绳

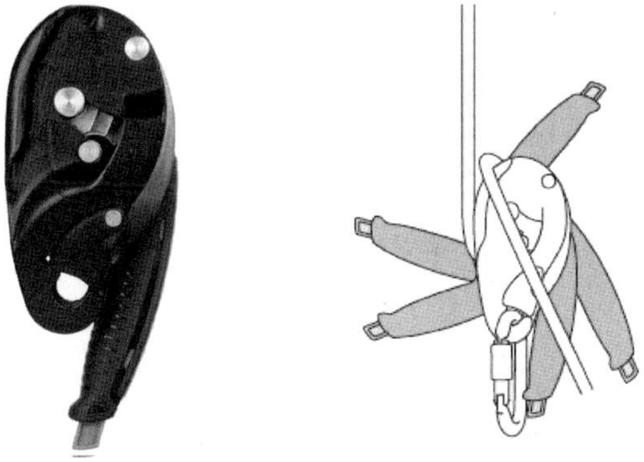

图 2-22　PETZL 公司的 I’D S 下降器

索摩擦生热，温度迅速升高，有可能会损坏绳皮。

三、上升器

上升器（Ascenders）包括钢齿式上升器和夹绳式上升器。两类上升器在绳索救援中的使用均非常普遍，其用途包括上升、防坠、拖拉等。

1. 钢齿式上升器

当安全绳置入上升器的绳槽内时，齿式卡榫（Toothed-Cam）上的齿刺插入绳皮的编织孔内，当救援人员向下拉动时，上升器可固定于绳段上不动，使用者可以借此力量上升。

钢齿式上升器又分为手柄式上升器及胸式上升器，较为常见的有 CAMP 制造的 Pilot 手柄上升器（图 2-23）、PETZL 制造的 Ascension 手柄上升器（图 2-24）和 PETZL 制造的 Croll 胸式上升器（图 2-25）。

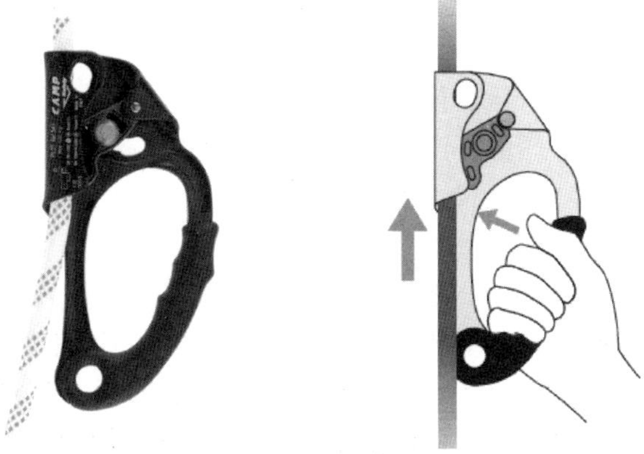

图 2-23　CAMP Pilot 手柄上升器

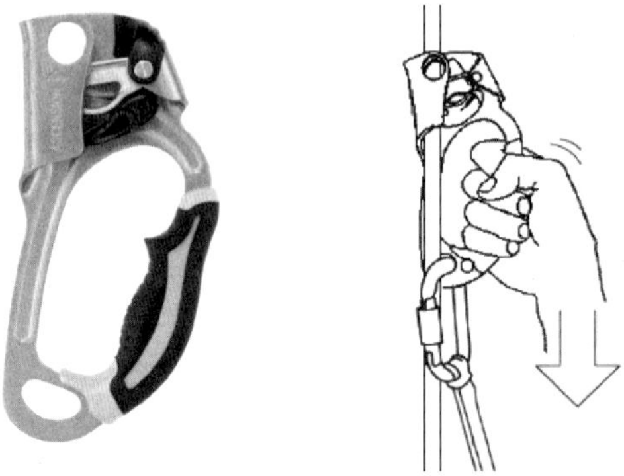

图 2-24　PETZL Ascension 手柄上升器

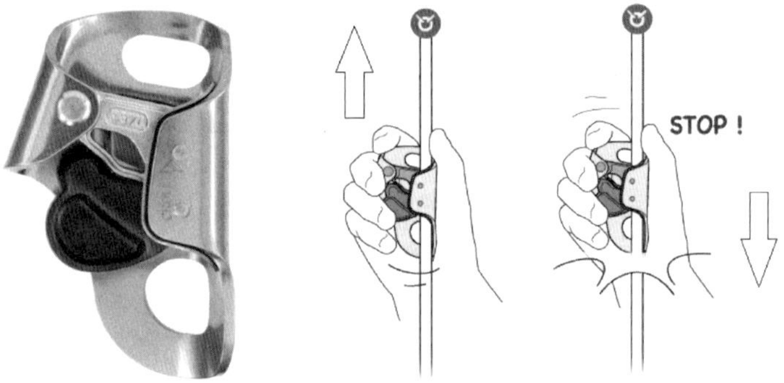

图 2-25　PETZL Croll 胸式上升器

手柄上升器具有手把供使用者拉升。胸式上升器用来固定于胸前连接座式与胸式吊带。很多救援人员常常将手柄上升器和胸式上升器组合成上升系统，在拉动手柄上升器并向下踩脚环的时候产生一个向上的位移。这样，胸式上升器即顺势向上通过绳索，救援人员即可被固定于更高的位置，从而达到攀升的效果。

手柄上升器与胸式上升器的交互运用、轮流承受救援人员体重的上升模式，是由传统登山界的“普鲁士攀登”演进而来。“普鲁士攀登”是由辅助绳以普鲁士结咬合主绳，但齿式上升器是用尖齿抓住主绳，对绳索的作用方式不同。

齿式上升器不可作为防止坠落的确保器。当它受到过大的冲击力、长时间承重或悬挂于安全绳上的负荷过重时，都会对安全绳造成伤害。

PETZL 公司对齿式上升器（Ascension、Croll）的一列测试表明，一般救援工作常用的直径 10. 5mm 以上的静力绳，本身的断裂负荷大约为 3000kg，但在承受齿式上升器（600kg）以上的拖拉时，即发生损伤破裂。

许多救援人员在使用手柄上升器与胸式上升器组成的上升系统攀升至工作定位点时，经常未换成下降系统（STOP 或 I-BLOCK 下降器）即开始实施救援。虽然在这一位置的救援工作结束后可能还要再次上升而非下降返回地面，但是超长时间使齿式上升器咬着主绳同一位置，所累积的压力对安全绳的伤害不亚于系数为 0.5 以上的坠落。如果必须长时间（30min 以上）吊挂于安全绳实施救援操作，最好能转换为下降系统（I-BLOCK 或 STOP 下降器）后再进行。

2. 夹绳式上升器

夹绳式上升器的上升原理是采用压迫式卡榫紧压绳索，使绳索在绳槽内无法移动，从而抓紧绳索的某一绳段，使救援人员不至于坠落。使用较为普遍的如 CAMP 制造的 LIFT 上升器（图 2-26）。

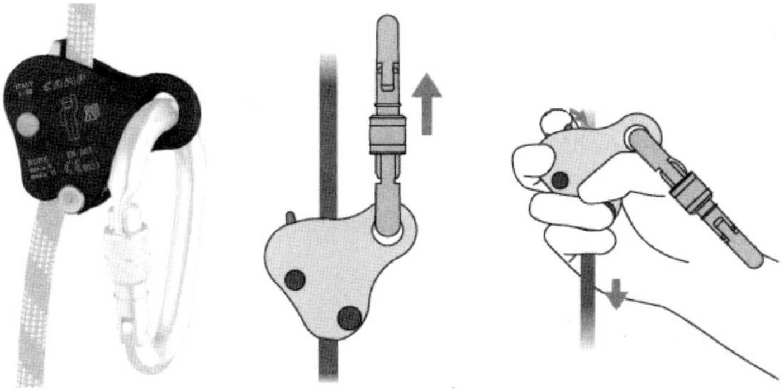

图 2-26　CAMP LIFT 上升器

夹绳式上升器可以视为一个普鲁士结，但是它比普鲁士结灵活许多，移动非常方便。因而，这类上升器经常被作为防坠器或拖拉重物之用。

四、防坠器

在绳索救援技术中，绝大多数的防坠器（Fall Arrestors）均属于夹绳式防坠器，其防坠原理和夹绳式上升器相同，借由向下的拉力使压迫式卡榫紧压绳索，使绳索在绳槽内无法移动，紧抓住这个绳段的部分，使救援人员停止坠落，如 CAMP 生产的 LIFT。

双绳下降系统要求主绳和确保绳都是编织静力绳，救援人员使用其中一条作为承重及下降用主绳，另一条作为确保绳，以备于当主绳因任何原因而断裂时确保绳能产生防坠效果。将防坠器装置于确保绳上，通过吊索系于救援人员的安全吊带后背部的 D 环中。

为了让救援人员能在高空作业时专注于工作上而不需腾出一只手去操作防

坠器，PETZL 公司制造了一款独特的防坠器 ASAP（图 2-27）。这款防坠器在使用时会随着救援人员上下走动而移动，仅在救援人员突然发生坠落时，才会立刻抓住绳索而掣停。ASAP 仅适用于 10～13mm 的编织绳，承重 100kg。

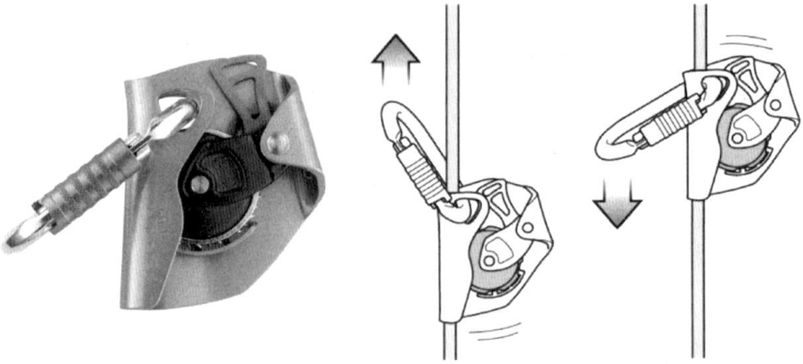

图 2-27　PETZL ASAP 防坠器

第三节　装备的检查与保养

一、装备的检查

在采购装备时应要求制造商必须提供装备检验、保养与维护的完整信息。使用者应当根据制造商提供的完整信息建立装备检验的详细流程，并记录装备检验结果。

对绳索系统的所有装备进行三种类型的检验，以确定装备是否可以继续使用，或停止使用并销毁，包括定期检验、使用前检验以及某些情况下的临时检验。如果相关装备在上述检验中出现任何故障，必须停止使用。

1. 定期检验

按照设定的检验流程确保装备在首次使用之前由具有相应资格的专业人员对装备进行全面检验，此后的每次检验间隔时间不得超过 6 个月。检验必须按照制造商的指导来实施。详细检验的结果必须记录。

2. 使用前检验

使用前检验包括外观与触觉检验，在每天第一次使用前实施，并对每天的检验做正式的记录。

3. 临时检验

在恶劣条件下使用装备或发生意外安全事故后，必须进行临时检验。根据风险评估的结果，临时检验必须由具备相应资格的专业人士在适当的间隔时间内实施。临时检验的适当时间间隔可以通过以下因素来决定，即装备部件是否有高度的磨损与损耗（例如异常负荷或沙砾环境）或脏污（例如在化学气体中），并记录临时检验的结果。

实施详细检验或临时检验的人员必须有废弃使用装备的决定权，并且有足够的资质，能够独立不失偏颇地做出客观决定。这些人员可以是救援人员，或者是专业的供应商、制造商或者装备技术专家。

如果对某装备部件是否可继续使用存在任何疑问，则应当咨询具有相应资格的人员或者隔离、弃用该装备。承受较高冲击力的装备，例如坠落或有重物掉落在装备上面，应当立即停止使用。

二、人造纤维类装备

（一）救援环境及影响

1. 高温

大多数人造纤维都会受高温影响，在超过50℃时人造纤维的性能将发生改变。因此，在绳索救援过程中应注意避免高温操作。

2. 潮湿

某些人造纤维类材料遇湿后性能会发生变化，在干燥后强度会恢复如初。

在动力绳的坠落试验中，如果将动力绳放在水中浸泡一段时间，则动力绳的冲击力与干燥时相比要高出最多22%（一般在8%～12%之间）。虽然在潮湿环境下使用由织带或绳索制作的装备无需有任何担心，但是在接近于装备的最大额定负荷时有必要采取一些额外的防范措施。

3. 化学品

避免和任何可能影响装备性能的化学品接触，包括所有的酸性物质与强腐蚀性物质（例如车用蓄电池酸液、漂白剂、化学品以及燃烧物）。如果发生了与化学品接触或疑似接触，装备应当立即停止使用，退出现场。

与粉尘接触后，人造纤维制作的装备必须进行清洗。具有永久粉尘标记的此类装备应当被视为可疑装备，且应当被弃用。

（二）磨损

导致人造纤维制成的装备强度降低最常见的原因是磨损（沙砾渗进织带或绳索、尖利或粗糙边缘的擦损等），或者其他诸如切割之类的损伤。有切割或明显磨损的部件应当被弃用。人造纤维制作的装备必须定期仔细检查是否有磨损迹象。

（1）人造纤维制作的装备可能发生外部磨损与内部磨损。外部磨损一般很容易发现，但是有时候很难确定其影响程度。内部磨损一般很难发现，但是一旦发现就是实质性损害，尤其是沙砾已经渗透进外层表面。

（2）所有程度的磨损都会降低装备的强度。一般来说，磨损程度越大，所降低的强度也越大。

（3）有时候尽管没有沙砾进入，仅仅是正常使用做弯曲动作时纤维之间的摩擦即可发生内部磨损。对于大多数纤维材料来说，这是一个非常缓慢的进程，不易察觉。

（三）使用前检查

人造纤维类装备在使用前检验时必须仔细检查，可用手做触感及外观检查。

对于夹芯绳，应当检查外包物是否有切割处，并可通过手触来感知芯体是否受损。绳索的膨胀或变形表明芯体纤维受损，或者预示外包物内的芯体发生位移。

对于安全带与织带，应当检查是否有切割、磨损、断裂以及过度延展，特别注意各类织带的缝合处是否有开裂的痕迹。纱线松脱或过多的断裂表明存在内部磨损或有切割处。切割、擦损、拉刺与其他机械损伤会弱化绳索与织带的强度，弱化的程度与受损的严重性直接关联。

有光滑表面或熔化痕迹的绳索、织带或安全带有可能经受过极高温度，应被视为可疑部件。

如果纤维呈粉状或出现色泽变化，说明部件内部出现了严重的磨损、与酸性物质有过接触或者其他的机械损伤，也可能是紫外线退化，应被视为可疑部件。

（四）清洗

为降低沙砾的含量，保持产品清洁，应及时进行清洗。

清洗时，可以将装备放置到清水中（最高温度40℃），用肥皂或柔和的洗涤剂（pH 值范围 5.5 ~8.5）将泥沙洗净，然后再用冷水全面冲洗。潮湿的装备应当在远离直接热源的温室自然风干。干燥的装备应当保存在适当的袋子中，以防机械损伤。

三、金属装备

（一）装备材质及预防措施

大多数金属装备是由钢或者铝合金制成，有时候也会使用钛等其他金属。铝合金和大多数钢（除不锈钢之外）的外表看起来相差不多，但是性能却有很大差异，尤其是抗腐蚀性。

由铝合金制成的装备有时候有着光滑的外表，但是通常是做了阳极氧化处理。阳极氧化能够提供一层薄薄的比基本材料强度大的电化学覆层，可以保护基本材料不受腐蚀，也可以在一定程度上抗磨损。

一般来说，强度越大的合金越容易受腐蚀，所以在使用、维护与检验时必须小心。铝合金部件在潮湿状态下，尤其是接触到海水时容易受腐蚀。

不同金属之间的接触会导致电化腐蚀，电化腐蚀可以影响很多金属，包括铝和某些不锈钢，并且会导致保护层（例如镀锌）的快速电解。应当避免不同金属的长期接触（例如铜和铝），尤其在水域救援等潮湿环境中。

某些处于拉伸应力作用下并且在腐蚀环境中的金属会出现表面的裂痕，出现应力腐蚀破裂。应力腐蚀破裂通常会随着时间的推移而显现，有时候在若干个月以后才显现。因此，必须定期进行装备检验。

安全吊带、安全钩与下降器上的环状物与搭扣等金属部件需要检验以确保铰链等能够正常运行，螺栓与螺钉是否紧固，并检视是否有磨损、裂痕、变形或其他损伤。

（二）金属部件的清洁

在干燥时用轻油或硅滑脂给活动部件做润滑。在做润滑时应当避免与织带系带（例如安全带搭扣的侧边）、绳索、吊索带等接触，否则可能会影响到系紧装置的正常功能。出现故障的任何部件必须停止使用。

如果是在海上环境使用，则装备必须在干净的冷水中长时间浸泡，时间不长于8h，然后在无直接热源的温室内自然风干，并在储存前检验。

全金属制作的装备，可以通过在含有洗涤剂或皂液的干净热水中浸泡数分钟来清洗。不得使用高压蒸汽清洁装置，因为温度可能会超过建议的最高温度100℃；也不能使用海水来清洗。清洗完成后，必须在干净的冷水中全面冲洗，在无直接热源的地方自然风干。

（三）装备的消毒

在下水道等受污染的环境作业后必须对装备进行消毒，一般情况下只需清洁足够了。在选用消毒剂时一般要考虑两种因素：减少疾病的有效性以及（经过一次或多次消毒后）是否会对装备产生副作用。在实施任何消毒之前都应当向装备制造商或供应商征询上述两点的建议。消毒完后，必须在干净的冷水中全面冲洗，然后在无直接热源的房间内自然风干。

（四）装备的储存

在经过了必要的清洗与干燥后，装备应当拆分保存在通风、干爽、光线较弱、pH 值为中性的环境中，远离热源、潮湿、尖利边缘、腐蚀性物质、啮齿目动物、蚂蚁（分泌蚁酸的蚂蚁）、未授权准入或其他可能导致装备损坏的因素。装备不得在潮湿状态下储存，以免招致真菌感染或腐蚀。

（五）装备的停用

装备出现故障或疑似故障后应予以隔离，在未经检验并取得相关批准前不得再次使用。

在检验中被发现有故障、功能受损或者受质疑时，则该装备必须停止使用，等候进一步检验或维修。此类装备应当标记为不适合使用，如果确认无法维修，则必须销毁以确保不会被再次使用。

（六）使用寿命

应参考装备制造商提供的信息设定装备的使用寿命，保存装备的使用记录（完整记录了装备的使用状态），以便于审核装备的使用寿命。

在必要的情况下进行损毁测试，了解装备的退化程度（尤其是人造纤维制作的装备）。用作损毁测试的装备不得再予使用。

已达到装备制造商给出的使用寿命的装备，并且未因其他原因被拒的装备应当停止使用，并且不得再次使用，除非或直至获得相关专业机构的书面证明，确认继续使用是可接受的。

第三章　绳　　结

绳结（Knot），泛指所有用来捆绑物件、连接两条或两条以上绳索的打结方法。制作绳结是进行绳索救援的最基本技能。通过绳结，可以实现救援主绳与锚点之间的连接、绳索之间的连接、救援人员（被救人员、担架等）与救援主绳（锚点、确保绳等）的连接等等。适当地运用绳结，可以为救援人员和被救人员提供更安全的防护，进一步提升救援效率。

绳结的学习，不在于多，而在于精、在于活，即不需学会太多的绳结，重要的是掌握其基本操作方法，并能在各种情况下灵活使用。救援人员所应掌握的绳结应该易于制作、识别和拆解，能够尽可能减小绳索强度弱化的程度，在不承担负荷时绳结不会发生松动。特别是，某些绳结具有多个名称，同一救援团队必须统一绳结的名称，才能迅速地制作绳结，保证救援进度。

打好的绳结，结形必须平整、紧实，绳股避免交叉，以便充分发挥绳结的效能。否则，如果让绳结任意松弛的话，一旦承重则很容易散开；而如果绳结发生扭曲绞结，则可能会妨碍整个绳索系统的功能。同时，绳结制作完成后，应留出一定的绳（余）长。根据绳结的功能不同，所留出的尾绳长度也不尽相同，但应不少于10cm。通常情况下，所有的绳结制作完成后，应使用余长打半结固定。

第一节　基本术语

一、绳的各部分名称

一条绳的各个部位都有不同的名称（图3-1）。

绳端（End），俗称绳头，就是一条绳索的两个端头。两个端头之间绳体的主要部分称作主绳体（Main Body）。

操作端（Working End），绳上用于制作绳结的一端，通常与锚点或挂点相连接。

活动端（Running End），绳远离绳结的一端。

备用段（Standing Part），绳介于操作端与活动端之间未动用的部分，通常指近受力端的备用部分。

尾绳（Tail），绳打结后所留出的部分。

走向（Lead），绳的活动端所延伸的方向。

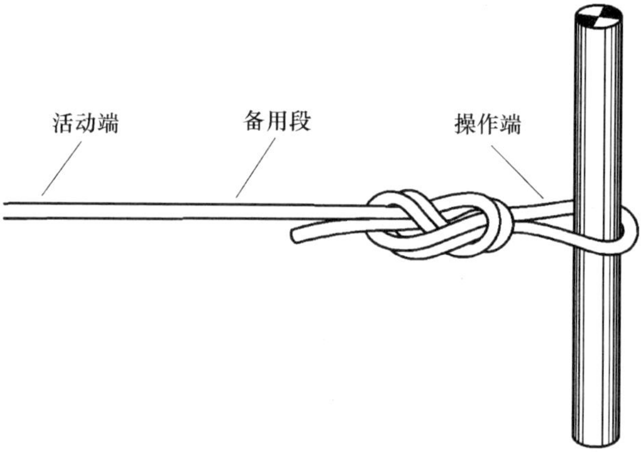

图 3-1　绳的各部分名称

二、绳结的构成

绳在制成绳结的过程中会呈现出三种形态：绳耳（Bight）、绳环（Loop）、绳圈（Round Turn）。

绳耳，将绳的操作端自延伸方向反向折回 180°，使两部分保持平行，所形成的弯曲部分称为绳耳（图 3-2）。

图 3-2　绳耳

绳环，绳的操作端提起，绕 180°叠出绳耳，再绕 180°，与备用段保持平行，但方向相异，称为绳环（图 3-3）。如果叠出的绳环在操作端上方，则为上搭绳环（Overhand Loop）；否则，绳环在操作端下方，则为下搭绳环（Underhand Loop）。

单绳圈（Round Turn），绳的操作端环绕固定物 360°（一圈）后，再绕 180°，与备用段保持平行，且方向相同，形成单绳圈（图 3-4）。双绳圈（Two Round Turns），绳的操作端环绕固定物 720°（两圈）后，再绕 180°，与备用段保持平行，且方向相同，形成双绳圈。

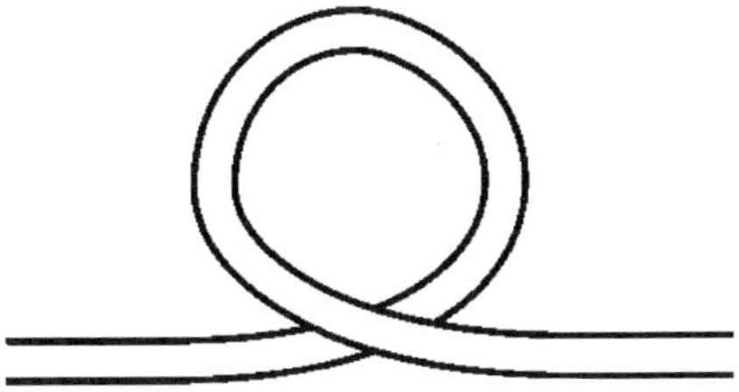

图 3-3　绳环

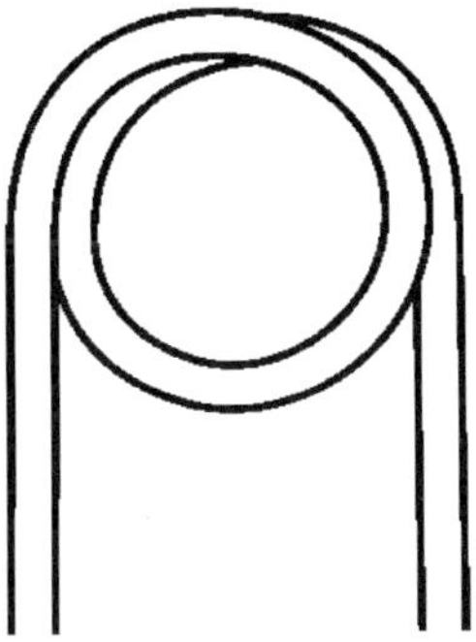

图 3-4　单绳圈

三、绳结的分类

（一）结节

结节（Knot），也称系扣，指在绳索上打扣，如半结、蝴蝶结、8 字结等。

（二）结着

结着（Bend），也称连接，指将绳索的两端或两根绳索连接在一起接合，如 8 字连接结等。

（三）结合

结合（Hitch），也称拴结、捆绑，是将绳索绑在树木、柱子等固定物上，或在物体上所制作的绳结，如卷结、返穿 8 字结等。

第二节　常用绳结

一、反手结

反手结（Overhand Knot），也称单结。反手结是最简单的绳结，将尾绳在救援绳上绕半圈，再穿过绳圈，拉紧即可（图 3-5）。反手结常用于保护绳（或下降绳）尾绳的固定，防止脱落。尾绳长度不少于 5cm。

二、反手连接结

反手连接结（Flat Overhand Bend），也称欧洲死结（European Death Knot）。当需要把两根绳连在一起或是一根绳的两端连在一起形成绳环时，反手连接结是最简便快捷的连接结（图 3-6），而且效果绝佳。使用反手连接结，尾绳应留出至少 15cm 的余长。另外，反手连接结绝不能用来连接两根直径不同的绳。

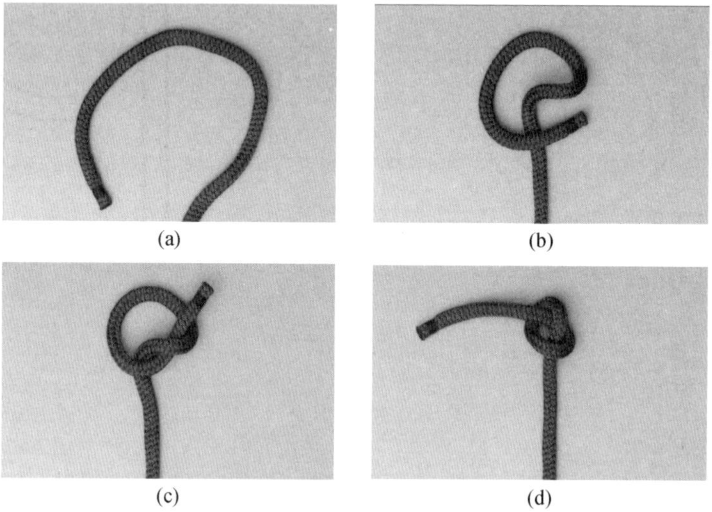

图 3-5　反手结

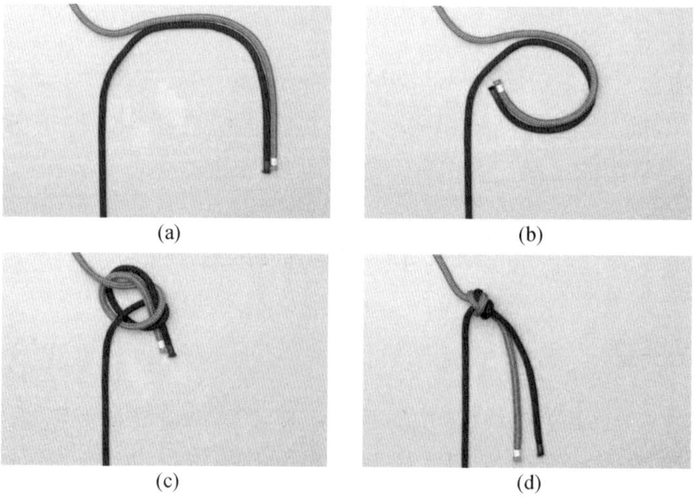

图 3-6　反手连接结

三、8 字结

8 字结（Figure 8），是 8 字结家族的基础。同单结一样，8 字结可以充当防脱结（Stopper Knot），防止绳索从系统中脱出，避免悲剧的发生。另外，许多救援小组通常约定将 8 字结打在主绳和确保绳的尾端，作为绳端的标记，便于识别并计划下一步的救援任务。

8 字结的制作较单结稍为复杂一些，而且要占用更多的绳长。但作为防脱结，8 字结的结目比单结大，因而自行松脱的可能性更小。而且 8 字结在承重之后即使两端拉得很紧，依然可以轻松解开。

8 字结环的打法相对简单，它是在打单结的时候，将操作端多绕主绳（或确保绳）半圈再穿入绳圈即可（图 3-7）。尾绳余长通常为 15cm 左右。

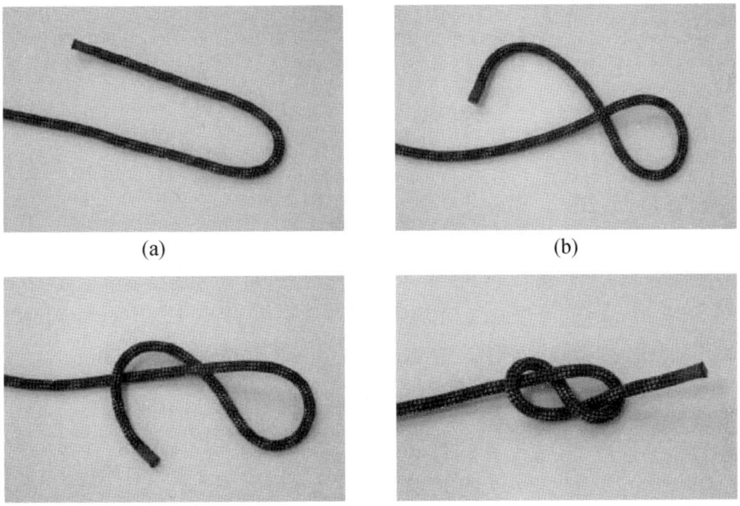

(a) (b) (c) (d)

图 3-7 8 字结

四、单环 8 字结

单环 8 字结（Figure 8 on a Bight），可以将绳索通过安全钩连接至锚点，制作出完美的绳索救援系统；也可以将担架、救援人员或被困人员通过安全钩连接至救援主绳和保护绳。

单环 8 字结既结实又方便，而且不容易松脱，这是单环 8 字结所独有、不可替代的优势。它唯一的缺点在于不大方便调整。因此，必须在制作绳结前做出较为精确的估量。单环 8 字结在折出绳耳时，操作端至少长 50cm。制作完成的单环 8 字结，尾绳余长通常在 15cm 以上（图 3-8）。如果因为绳索备用段需要最大绳长，则余长至少为 3 ~ 5cm。

图 3-8　单环 8 字结

五、返穿 8 字结

如果直接使用一根柱子（或树干）作为固定点，可先打一个 8 字结，操作端在绕过柱子（或树干）后，再顺着 8 字结回绕，使得结环可以稳固地套住柱子（或树干）因此，返穿 8 字结（Figure 8 Follow Through）也称为编式 8 字结（图 3-9）。

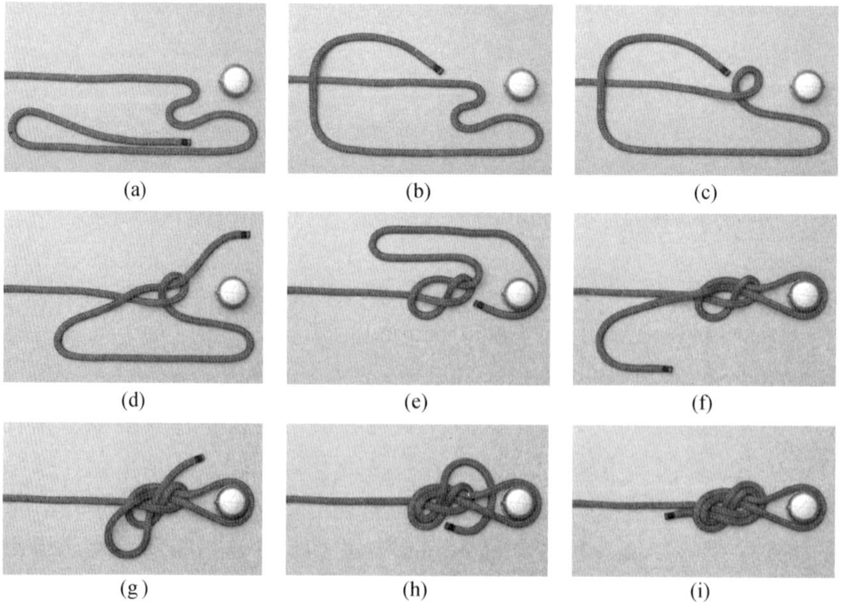

图 3-9　返穿 8 字结

返穿 8 字结可以围绕树木、尖角、岩石、消防车底盘等圆柱状、圆锥状的物体制作锚点系统，也可以用于连接安全吊带的挂点。

返穿 8 字结易学不易忘，并且可以非常直观地判断制作是否正确，唯一的缺点是在承受猛烈的冲坠后难以解开。在环绕岩石等固定物时有时需要进行边角保护，通常需要留 15cm 余长。

六、8 字连接结

8 字连接结（Figure 8 Bend）用于将直径相同的两条绳索连接在一起，或是将一条绳索的两端相连，形成绳环（图 3-10）。8 字连接结在承重后不易解开。制作完成后的余长应至少为 15cm。

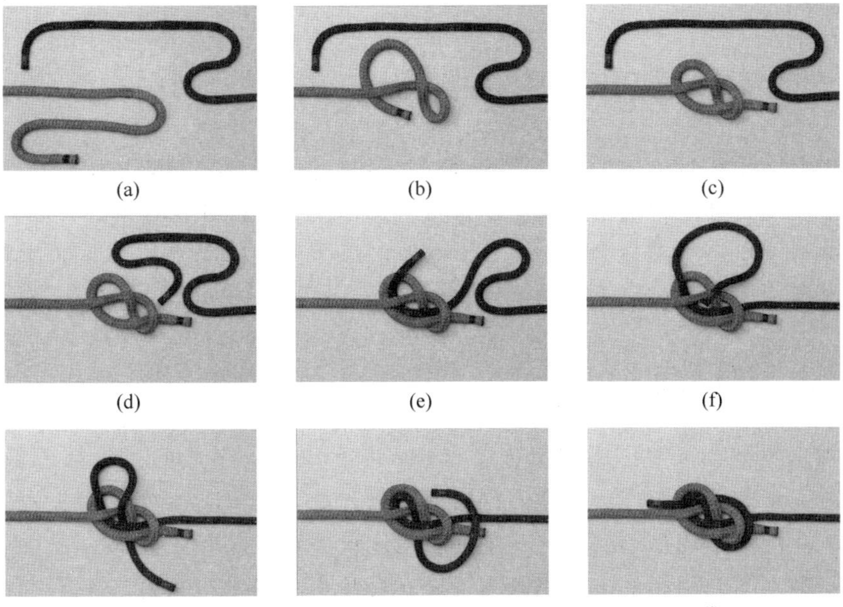

(a)　(b)　(c)　(d)　(e)　(f)　(g)　(h)　(i)

图 3-10　8 字连接结

七、水结

水结（Water Knot）是连接两条扁带或将一条扁带结成扁带环的最佳方法。打法非常简单，将一条扁带打一个平整的单结，再将另一条扁带循着前一条扁带的尾端顺势回绕。调整两端，留下 5 ~ 8cm 的尾绳，再拉紧绳结（图 3-11）。值得注意的是，水结放久了会变松，务必要经常检查。如果变松或尾绳太短，必须重整并拉紧。

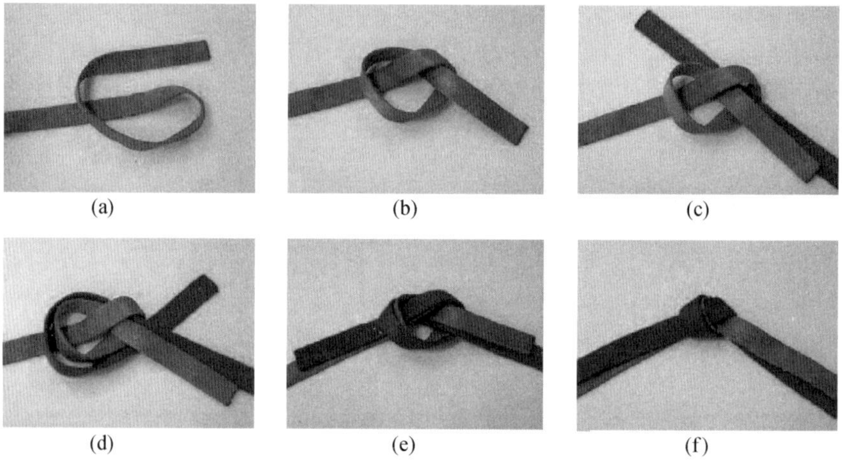

图 3-11　水结

扁带环是非常好用的固定点工具，一条足够长的扁带两端制作水结，即可形成一条扁带环。将扁带环围绕固定点，再使用安全钩连接扁带环，即可形成锚点系统。也可以用扁带环套住一个坚固的物体，如柱或岩石，再使用安全钩连接主绳，即可形成一个完美的锚点系统。

八、双渔人结

当主绳不够长时，用双渔人结（Double Fisherman's Knot）连接两条主绳是非常安全的一种方式。当然，也可以用编式 8 字结来连接两条主绳。相比较而言，双渔人结的结形较小，在垂降后也比较容易将绳取下。

双渔人结的制作方法相对较为容易：交叠两条主绳的绳端，各自以此绳端在另一条绳上回绕两圈，绳头端穿过各自的绳圈，束紧，再打上单结收尾即可（图 3-12）。

打好双渔人结之后必须进行检查，确保两个绳结的绕行方向是正确的。两个绳结的尾绳有回缩的可能，而两个尾绳回缩的方向必须能互相牵制。尾绳必须预留 15cm 以上。

九、双套结

双套结（Clove Hitch）可以快速地将绳扣入钩环，与锚点连接，也称

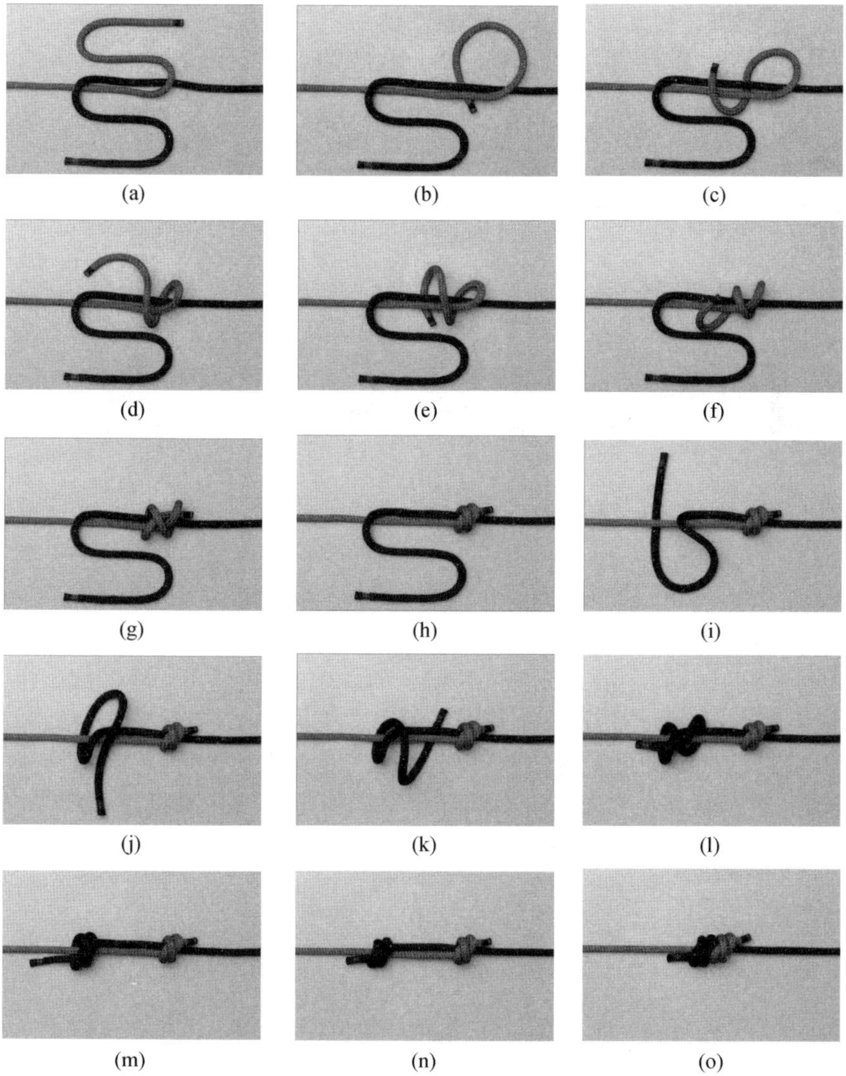

图 3-12　双渔人结

丁香结、卷结（图 3-13）。双套结的优点是容易调整使用者和锚点之间绳的长度，而不需将绳结从钩环上解开。双套结也可以应用于实现主绳上站立。当救援人员悬挂在空中而缺乏站立点或绳梯的时候，将下方主绳在小腿的下半部打一个双套结，套进脚的中央，即可站立在主绳上。当然，这只是临时的解决方案，脚部会被绳结束得太紧而不舒适，最好使用专用的脚环或绳梯。

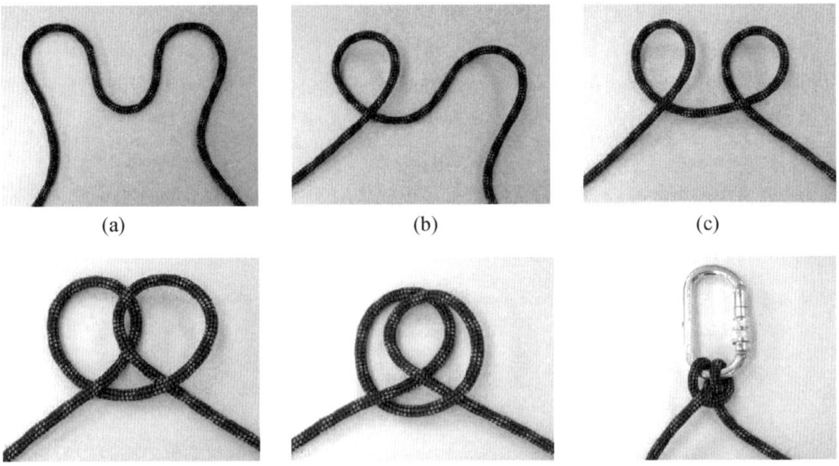

(a) (b) (c)

(d) (e) (f)

图 3-13 双套结

十、称人结

称人结（Bowline），也称布林结，可以在主绳的尾端打出一个稳固的绳圈（图 3-14），这个绳圈可绕过锚点（坚实的树干或柱子等）作为人身确保，尾绳要预留 20～30cm。称人结不如单环 8 字结稳定，但如果将尾绳绕主绳打一个单结收尾，则可以放心使用。

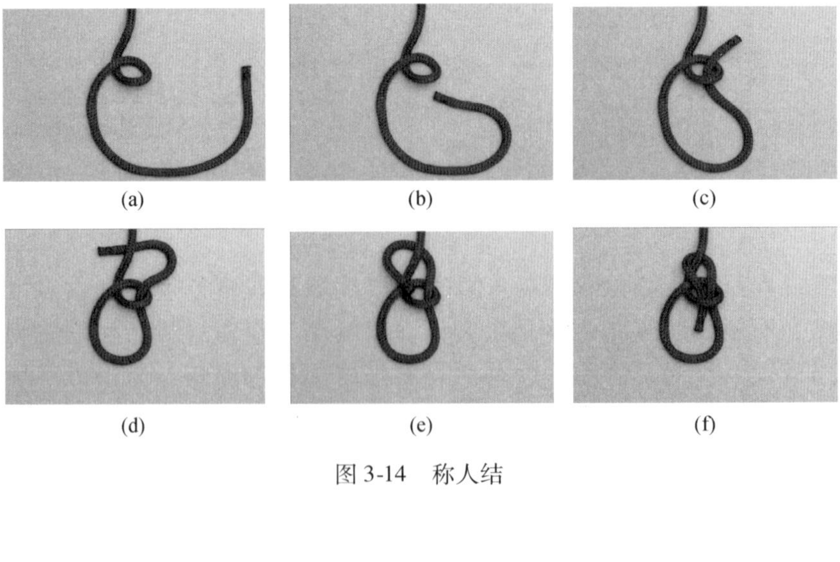

(a) (b) (c)

(d) (e) (f)

图 3-14 称人结

十一、阿尔卑斯蝴蝶结

阿尔卑斯蝴蝶结（Alpine Butterfly Knot）的特点是可承受两方（一根绳的两个绳端）或三方（两端尾绳外加一端绳环）的拉力，却不会松开，绳结也不会变形（图 3-15）。

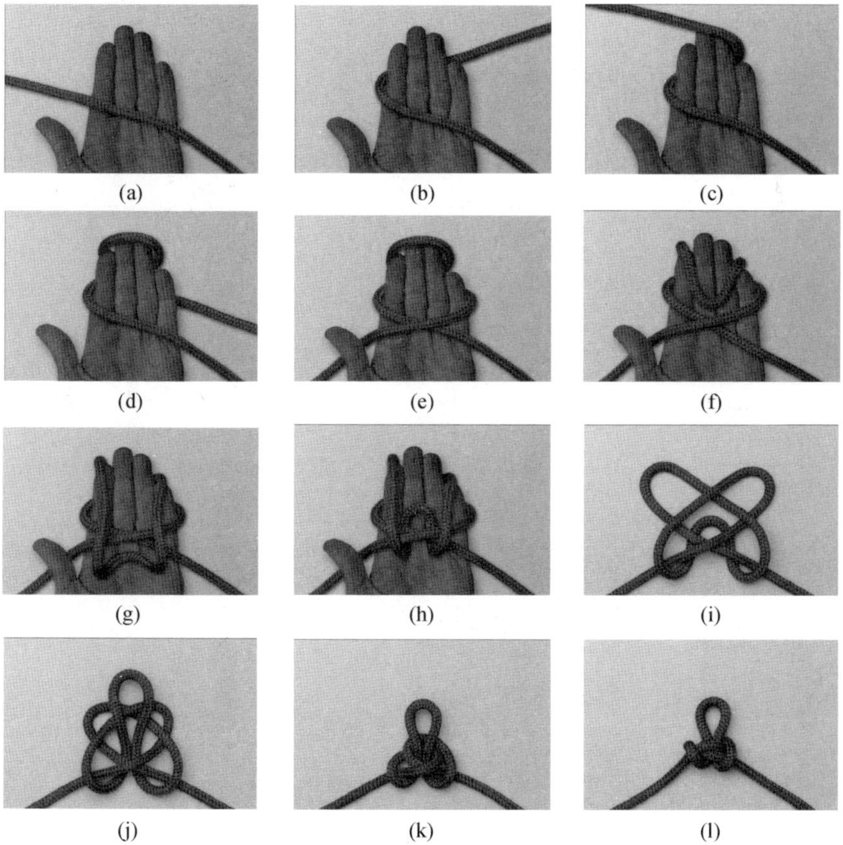

图 3-15　阿尔卑斯蝴蝶结

阿尔卑斯蝴蝶结主要应用于两个方面：一是可以配合单环 8 字结应用于锚点以架设下降主绳；二是发现主绳有破损的时候，可以打一个蝴蝶结，将破损点置于绳环处，以便使主绳的受力方向避开破损点（图 3-16）。

十二、摩擦结

摩擦结（Friction Knot），也称抓绳结，其通俗表达就是“绳咬绳”。通常是用辅助绳制作摩擦结缠绕主绳，以快速建立一套系统，让救援人员可以借由辅助绳的控制沿着主绳上攀或下降。摩擦结在受力时可固定在主绳上不动（咬绳、抓绳），可以负荷救援人员的体重；而不受力时又可以自由在主绳上移动。主要的摩擦结有以下两种。

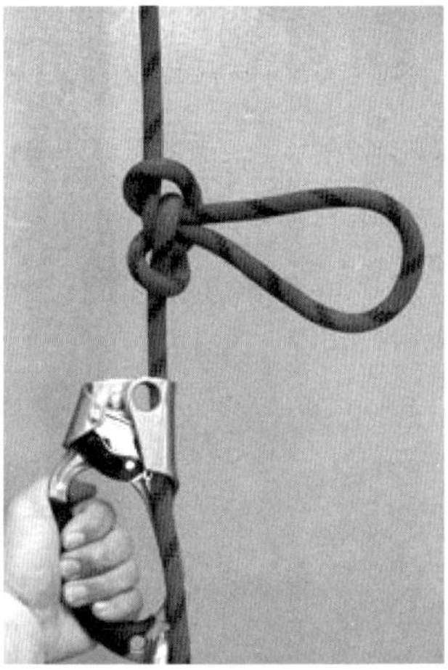

图 3-16　阿尔卑斯蝴蝶结的应用

（一）普鲁士结

普鲁士结（Prusik Knot）是使用最为频繁的摩擦结。制作时，将普鲁士绳环（Prusik Loop）套在主绳上打一个系带结，再同方向缠绕 2～3 圈（图 3-17）。如果绳处于潮湿或负重状态需要多绕几圈，以便有足够的摩擦力可以固定辅助绳、抓紧主绳。

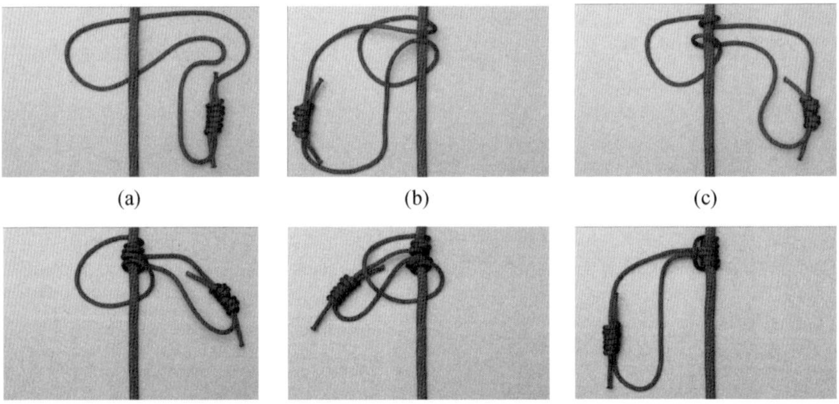

(a)　(b)　(c)

(d)　(e)　(f)

图 3-17　普鲁士结

辅助绳的直径通常为 5～7mm，即必须小于主绳 5～6mm，这样才能紧紧抓住主绳。辅助绳直径太小，会使普鲁士结不易操作；辅助绳直径太大，则会抓不住主绳。不可用扁带（或扁带环）来制作普鲁士结，因为它极有可能抓不住主绳。

将两条普鲁士绳环，用普鲁士结绑在主绳上，一条连接到安全吊带的D 形环，一条制作成脚环，可作为临时的上升器或下降器，使救援人员沿着主绳上升或下降。当然，这个方法很吃力，如果有专门的上升器或下降器，工作效率会高得多。

（二）克氏结

克氏结（Klemheist Knot）的功能与普鲁士结相同，但它的优点是既可以用辅助绳制作，也可以用扁带来制作。当救援人员身边未携带较为充裕的辅助绳、但是手边有几条扁带（或扁带环）时，同样可以制作摩擦结。

克氏结的打法是将辅助绳或扁带在主绳上以螺旋状环绕 4 ~5 圈，上方绳圈预留长度相当于缠绕的宽度，下方的绳圈较长，至少能连接到吊带。下方绳圈穿过上方绳圈后再拉紧即制作完成（图 3-18）。

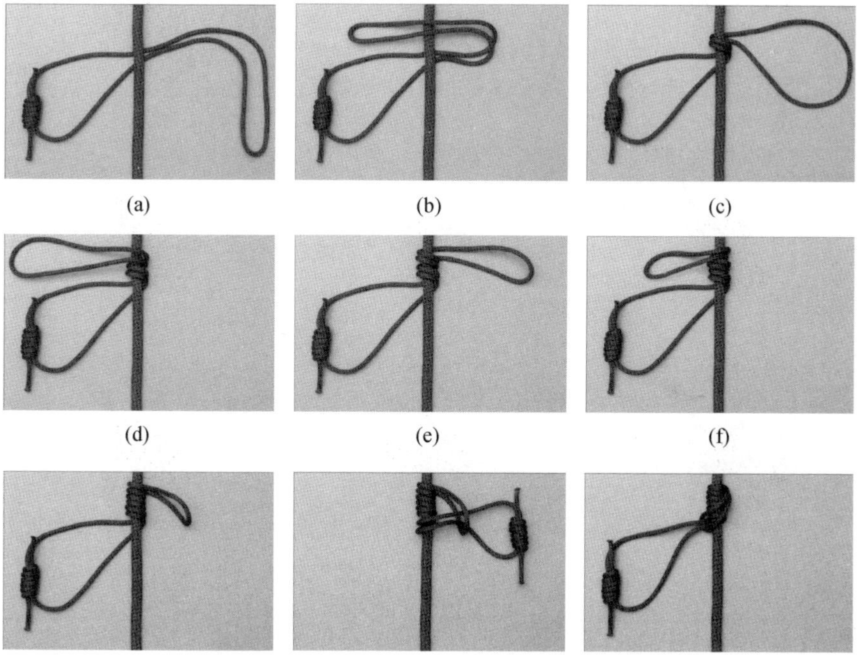

(a) (b) (c) (d) (e) (f) (g) (h) (i)

图 3-18　克氏结

十三、邦尼结

邦尼结（Bunny Ears Knot），又称双环 8 字结（Figure 8 Double Loops），是由 8 字结绳环所演变而来，打法与 8 字结类似，仅在最后绳耳穿过绳圈时，改为绳耳下的双股绳穿过，继而绳耳从绳圈上方绕过以反套整个绳结，最后在 8 字结形之上出现两个绳环（图 3-19）。

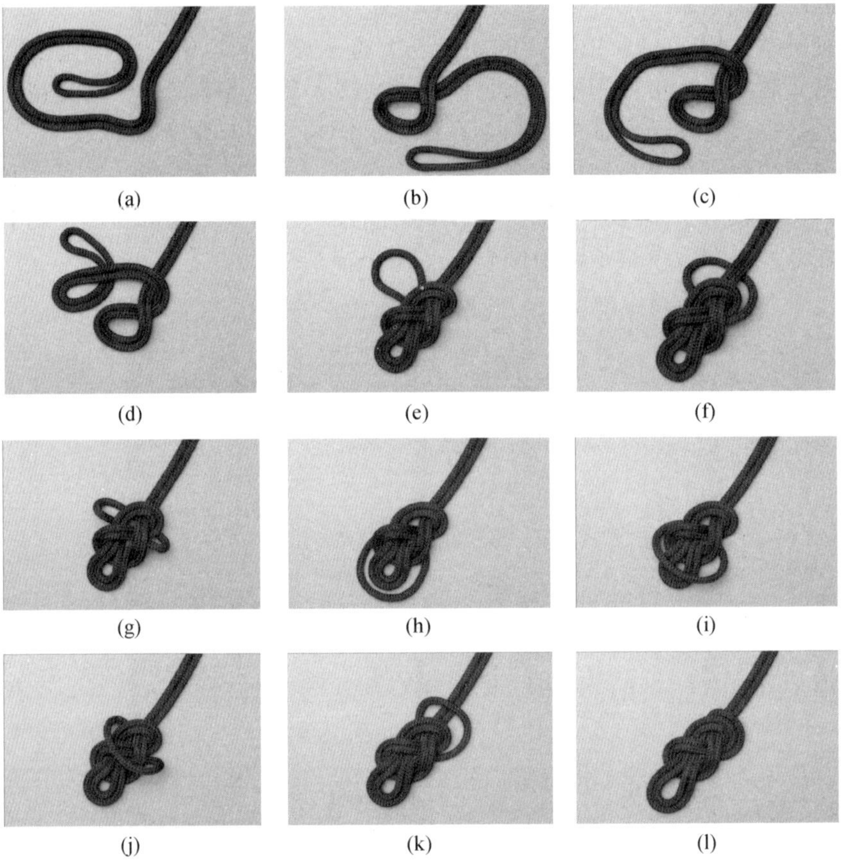

图 3-19　邦尼结

第四章　锚点与锚点系统

锚点（Anchor），也称锚固点，是绳索救援系统中绳索的系缚点和承重点，将锚点称为确定点或支点是不恰当的。

系缚于锚点的绳索称为锚点绳索（Anchor Line），与系统中其他配件相比，其安全性要求更高。

锚点系统（Anchor System）是指由锚点绳索、扁带、吊索及相关附件共同构成的配件组合，包括锚点本身。锚点系统是绳索救援系统的重要组成部分，锚点选择错误或锚点系统装配失误有可能导致整个救援行动的失败。

第一节　锚　　点

锚点用于连接绳索、支持救援负荷，是建立整个绳索救援系统的重中之重。选择锚点时，必须以简单方便、安全可靠为基本原则。单个构筑物（例如结构性钢架）、自然地貌或大树都有足够的强度来作救援绳与保护绳的锚点。

在选取与设置锚点时应考虑：锚点受力的方向及锚点需承受的最大负荷；在锚点、锚点系统和工作边界之间是否有足够的距离；锚点是否需要进行相关保护（包括锋利边角、高温、腐蚀性物体等），以避免织物本身受损。使用锚点时，必须坚持双重保护原则，即至少要有两个锚点，至少一个供救援主绳用、一个供确保绳使用，并最大程度地保证其可靠性。

根据锚点的受力，可以将锚点分为无方向锚点和方向性锚点。无方向锚点（图 4-1），能够承受来自各个方向的力量负荷。方向性锚点（图 4-2），对力的方向有一定的要求，在承受超出范围（角度）的力量负荷时，将导致锚点本身的损坏。

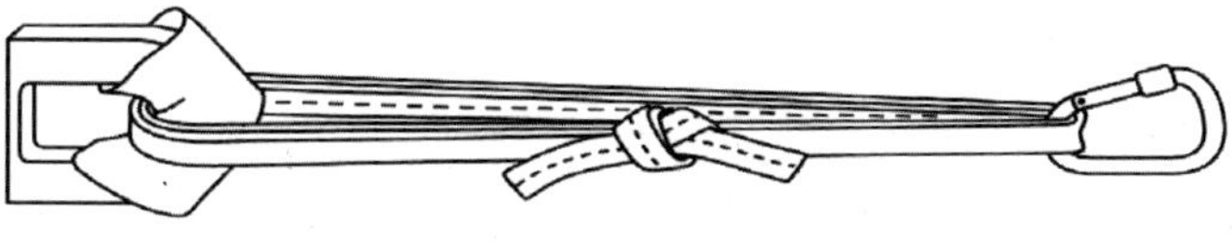

图 4-1　无方向锚点

图 4-2　方向性锚点

一、自然锚点

粗壮的树木、稳固的岩石是很好的锚点。一般情况下，用树木作为锚点（图 4-3）要满足以下两个条件：首先，树木必须较粗且扎根很深，有些表面看起来很粗壮的树，其实扎根较浅，可能承受不住绳索的拉力；其次，树木必须是活的，死树即使很粗大，也是容易断裂的。

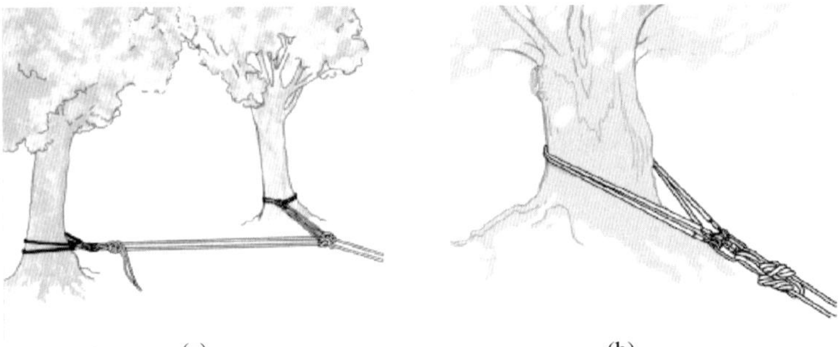

(a)　(b)

图 4-3　树木锚点

（a）两棵小树；（b）一棵大树

二、构筑物锚点

（一）钢铁构件锚点

1. 可作为锚点的钢铁构件

常见的比较可靠的钢铁构件锚点主要包括楼梯支撑梁、大型设备支架、吊柱等，其中，钢梁是最为理想的锚点。其他可作为锚点的钢铁构件包括以下几种：

（1）用钢材焊接的栏杆。在实际建筑中有些栏杆是很坚固的，但是要对其强度和安全性进行检查后方能使用。检查时，首先看栏杆的质地、规格是否有足够的强度，避免使用小型栏杆或铝合金栏杆作为锚点；其次，检查栏杆是否是通过焊接或螺栓等方式与其他构件可靠连接，可以用脚用力蹬栏杆看其是否摇晃或振动。这些检查方法虽然不是绝对可靠的，但是有助于判断栏杆的强度。

（2）大口径的钢管。当大口径钢管有着稳固的支撑和固定时，可以选用其作为锚点。要确认钢管连接处是焊接或用螺栓连接的，可以用检查栏杆的方法对钢管进行检查。如果使用竖直的钢管作为锚点，则要注意绳索固定的位置不能离连接处太近，而且要尽量靠近地面。虽然钢铁构件的强度好，但并不是所有的构件都适合作为锚点。

2. 不可作为锚点的钢铁构件

一般应避免使用以下构件作为锚点：

（1）保温管。一般情况下，保温管要么较热、要么较冰冷。太热的话，对安全绳来说是不安全的。另外，保温管外部通常有一层金属外壳，这层金属壳在负荷作用下容易发生变形，变形后的金属壳很有可能产生锐边，对安全绳产生切割作用，从而使整个绳索系统的安全性降低。再者，保温管外面包覆的隔热（绝缘）层有可能影响对保温管直径的判断，从而影响对保温管强度的估计。

（2）较轻的或没有支撑的栏杆。

（3）仪表架。仪表架一般是为了一些测量仪器或其他仪器的摆放而设计的，通常不会十分稳固。

（4）消防栓。消防栓通常是通过法兰连接的，但为了避免车辆撞上去时对消防栓造成严重损坏，法兰上使用的螺栓强度通常要小于管体和阀座，而这些法兰的强度也可能较小，这些问题靠目测通常是无法发现的。另外，使用消防栓作为锚点时，有可能影响消防栓的正常使用，因此通常不使用消防栓作为锚点。

（5）受腐蚀严重的金属构件。化学品的长期腐蚀会使钢材的强度降低，也可能会使金属表面变得很粗糙，粗糙的表面会给安全绳造成严重的磨损。在这种情况下，如果必须使用它作为锚点的话，应该对钢构件比较尖锐或粗糙的地方进行适当的保护。

（6）铸铁或小口径螺纹管。铸铁是一种较脆的金属，应该避免使用铸铁材质的构件作为锚点。同时也应避免使用小口径螺纹管作为锚点，因为管子内部的腐蚀作用可能会使管壁变薄，而从外部看上去往往无法发现这一点。

（7）屋顶空调设备。目前，这些空调设备在许多标准化建筑中很常见。在考虑使用其作为锚点时，一定要确认这些设备足够大且与屋顶有可靠的连接。现有的这些空调设备通常不能承担两个人的重量。

（8）通风管、落水管。通风管通常在建筑物的顶部，落水管通常在建筑物的侧面，管子的牢固性无法保证，绝对不能作为锚点使用。

（二）砖石构件锚点

作为锚点，砖石构件（图4-4）的强度一般也能满足要求，是仅次于钢铁构件的较为理想的锚点。但作为锚点的砖石构件，其体积必须足够大且十分稳固。通常情况下混凝土柱子或梁可以作为锚点，但首先要确认柱子或梁是实心的而不是空心的。许多空心的梁或柱子表面上看起来是巨大的结构构件，但实际上强度是不高的。一般可以通过榔头敲击发出的声音来判断柱子是否是实心的。当不能确定时，要咨询建筑工程师。

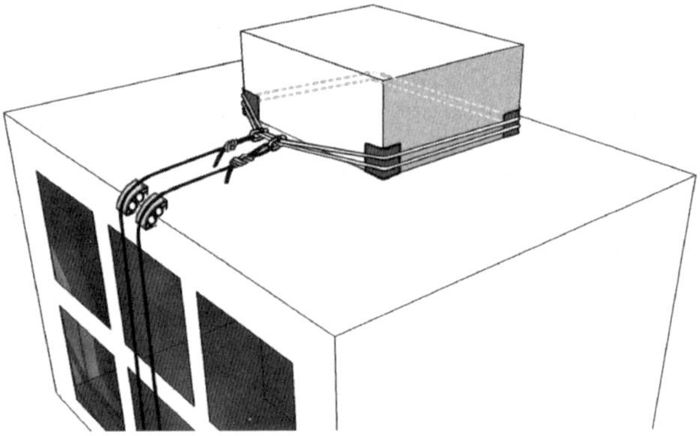

图4-4 砖石结构锚点

当然，也不是所有的砖石构件都适合作为锚点。如较小、较轻的砖石结构件等物体，作为锚点不够稳固，且强度也不够。再如，出现了破碎、裂缝、脱离等危险信号的砖石构件，作为锚点也是不安全的。

三、车辆锚点

当现场没有合适的锚点时，救援人员可以考虑使用各类救援车辆作为锚点。确定使用车辆作为锚点后，可以将车辆移动到理想的位置，然后装配锚点系统。确定使用车辆锚点时，应尽量使用大型车辆（如消防车）作为锚点。

在使用车辆作为锚点时必须严格遵守以下准则：

（1）固定车辆。可能的话，将车辆放置在与受力方向成一定角度的地（坡）面上，这样可以防止车辆滑移。

（2）拔掉车钥匙。

（3）制动车辆。如果车辆为“自动挡”应将挡位设为“P”挡，如果车辆为“手动挡”则应将挡位置于“倒车”挡。

（4）使用楔形垫块固定车辆前后轮。

（5）选择车辆上坚固部位作为锚点。将车轴、车轮作为锚点是不错的选择，切忌用保险杠作锚点。

（6）在进行锚点操作时，要避免锐角、电池酸液、润滑油、机油等对绳索的损害。如果绳索上沾满油或者润滑剂，必须马上清理干净。如果沾上电池酸液也必须立即清理，在条件允许的情况下，最好是重新换一根安全绳。

四、人工锚点

（一）救援三脚架

在救援（洞口）敞口上方、山坡、河岸等无可利用自然锚点的情况下，可利用三角形的稳定性，撑起救援三脚架（图4-5），制作锚点。

（二）地面尖桩结构

当救援现场没有稳固的树木、岩石、消防车或建筑构件等可利用的锚点时，可以自行制作地面尖桩结构（Windlassed Picket Systems）作为锚点。地面尖桩结构必须在坚硬、紧实的土地上制作，因此，在制作之前必须预评估土壤的类别和强度。在此基础上制作的地面尖桩结构可以成为一个完美的锚点。其不足之处在于制作时间较长，有可能损坏地下设施，且一旦制作完成很难再移动。

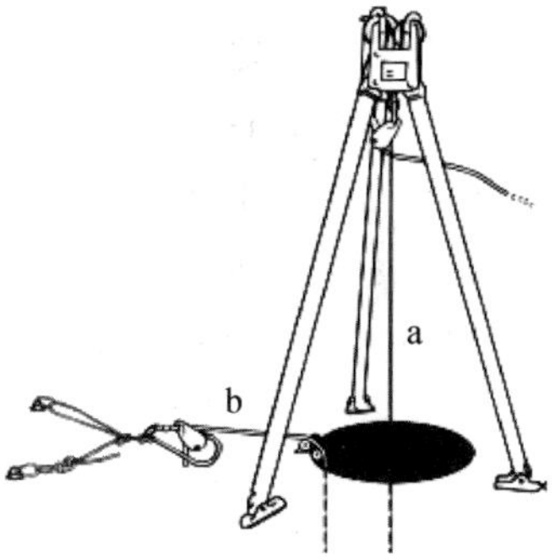

图4-5 救援三脚架

a—救援主绳；b—确保绳

地面尖桩结构所使用的钢钎一般为冷轧钢，尺寸不小于1000mm×25mm。钢钎揳入地面的角度（与垂直线的夹角）为10°~15°，揳入深度为600~900mm。钢钎之间的距离约为1000mm，使用安全绳（扁带）及绞紧棒系紧连接。绞紧棒为冷轧钢制成，尺寸较钢钎略小，长度一般为450~600mm，直径为12~19mm。

1. 线形尖桩

线形尖桩（图4-6），即制作尖桩结构的三根钢钎呈一条直线，与系统负荷的受力方向相同（图4-7）。最前方的钢钎距离工作边界60~150mm。三根钢钎通过安全绳（扁带）与绞紧棒组成的连接系统相连接，系统负荷由三根钢钎共同承担。线形尖桩是最稳固的锚点之一。

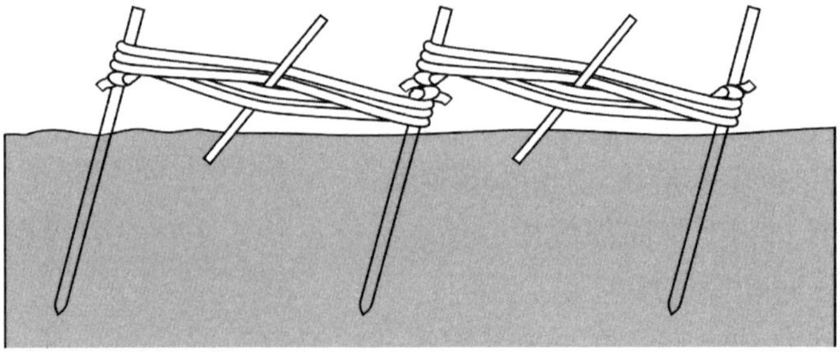

图 4-6　线形钢钎

图 4-7　线形钢钎受力分析

建立绳索救援系统时，通常需要制作两个线形尖桩，一个线形尖桩与主系统锚点绳索相连，另一个与确保系统锚点绳索相连。

相邻两钢钎之间的连接可使用安全绳，也可以使用扁带。使用安全绳时，长度不少于 50cm；使用扁带时，可选用 1 条长度为 100cm 的扁带，或将 2 条长度为 50cm 的扁带连接起来使用。制作连接系统时，首先在前方的钢钎上用安全绳（扁带）制作丁香结（Clove Hitch）或双绕双结（Round Turn and Two Half Hitches），然后拉向后方钢钎，安全绳至少环绕 2 圈，扁带至少环绕 4 圈。然后将绞紧棒置于钢钎之间的绳圈或扁带圈之间，旋转绞紧直至前方钢钎开始出现移动。最后，绞紧棒揳入或放置于地面，保证其稳固（图 4-8）。

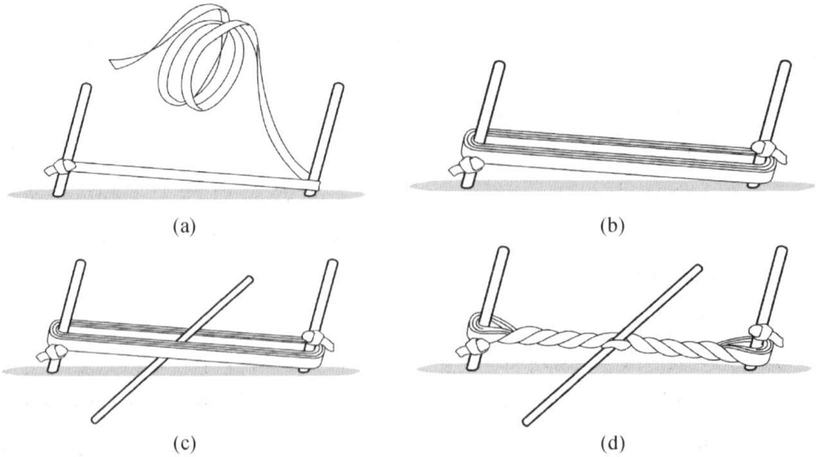

(a)　(b)　(c)　(d)

图 4-8　连接系统的制作

2. 三角形尖桩

三角形尖桩（图 4-9），通常由五根钢钎及安全绳（扁带）、绞紧棒构成，构成三角形两边的三个钢钎位于一条直线上，两边的合力与系统负荷的受力方向在一条直线上（图 4-10）。与线形尖桩相比，三角形尖桩具有更大的灵活性，但制作时间更长。

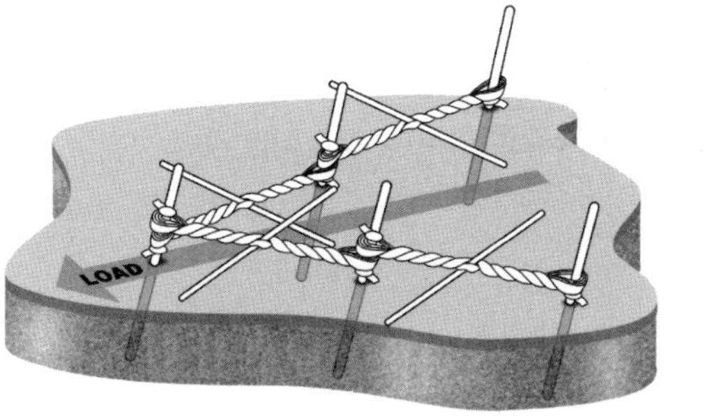

图 4-9　三角形尖桩

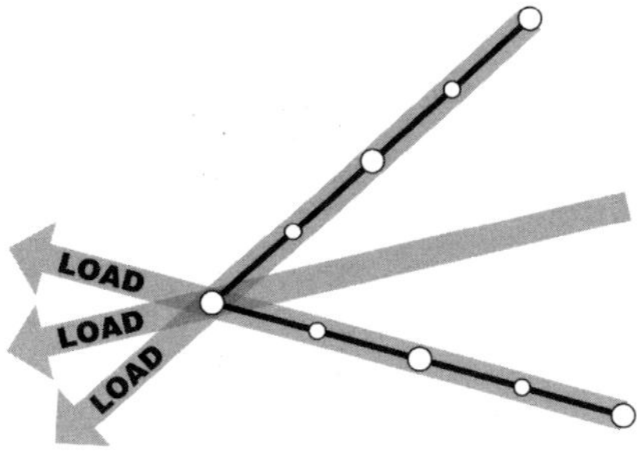

图 4-10　三角形尖桩受力分析

第二节　锚点系统

在选取、设置与使用锚点时，应当使用双重保护原则，即至少要有两个锚点，至少一个供救援主绳使用，至少一个供保护绳使用，并最大程度地保证其可靠性。

一、单一锚点的装配

当锚点的强度足够支持系统负荷时，只需针对该锚点装配锚点系统。

（一）使用预制作扁带环或绳环装配锚点系统

预先将扁带两端打水结（Water Knot）制成扁带环，或是将安全绳两端打 8 字连接结（Figure 8 Bend）或反手连接结（Overhand Knot）制成绳环，到达救援现场后可直接与锚点相连接，方便系统装配和拆解。不足之处在于预制作扁带环或绳环因长度已然固定，无法根据锚点大小进行调整，特别是对于直径较大的锚点可能无法使用。同时，也有因为受力的方向而影响系统负荷强度的可能。

1. 系带结

将绳环或扁带环绕过锚点，穿过绳环或扁带环自身，连结安全钩，即成系带结（Single Loop Girth Hitch）（图 4-11）。使用系带结制作的锚点系统相对较为牢固，但负荷强度较小，只能负荷单人的重量，通常用于技术下降。其缺点在于如果负荷过大将导致系带结向下滑动，产生热量并最终导致系统损毁。

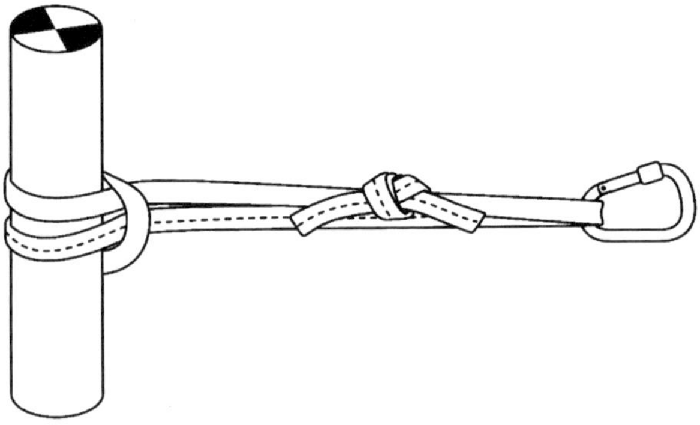

图 4-11 系带结

2. 双重系带结

将预装配的绳环或扁带环缠绕成双圈（图 4-12），绕过锚点，穿过绳环或扁带环自身，连接安全钩，即成双重系带结（Double Loop Girth Hitch）（图 4-13）。使用双重系带结制作锚点系统的负荷强度较高。其缺点在于如果负荷过大将导致系带结向下滑动，产生热量并最终导致系统损毁。

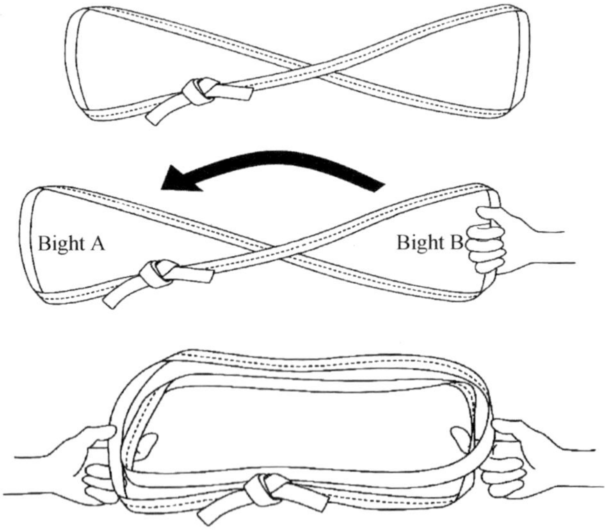

图 4-12 双圈扁带环

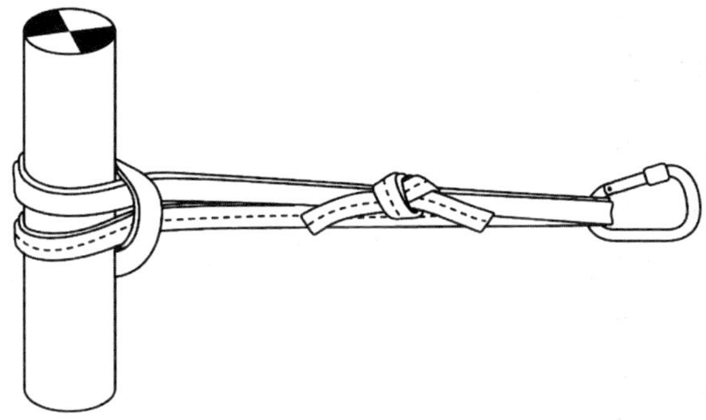

图 4-13　双重系带结

3. 返穿系带结

将绳环或扁带环缠绕成双圈，绕过锚点，穿过绳环或扁带环自身，制作系带结，将绳环（扁带环）尾部进行回返，穿过系带结，连接安全钩，即成返穿系带结（Locking Girth Hitch）（图 4-14）。使用返穿系带结制作的锚点系统负荷强度较大，稳固性较好。

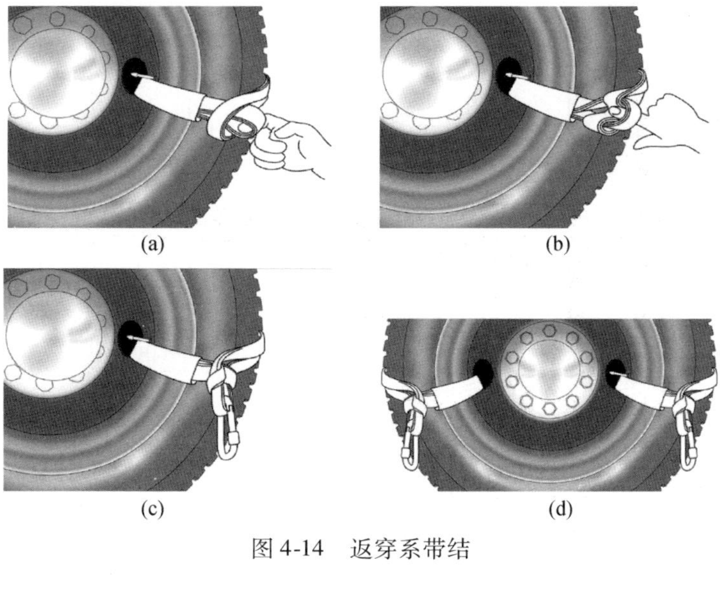

图 4-14　返穿系带结

4. 篮结

将预制绳环或扁带环中部置于锚点处，从后向前绕过锚点，两端使用安全钩进行连接，即成篮结（Single Loop Basket Sling）（图 4-15）。使用篮结制作的锚点系统相对较为牢固，通常情况下不会因负荷过重而向下滑动。如果安全绳或扁带长度较短，则会使安全钩过于靠近锚点，从而减小安全钩的强度。

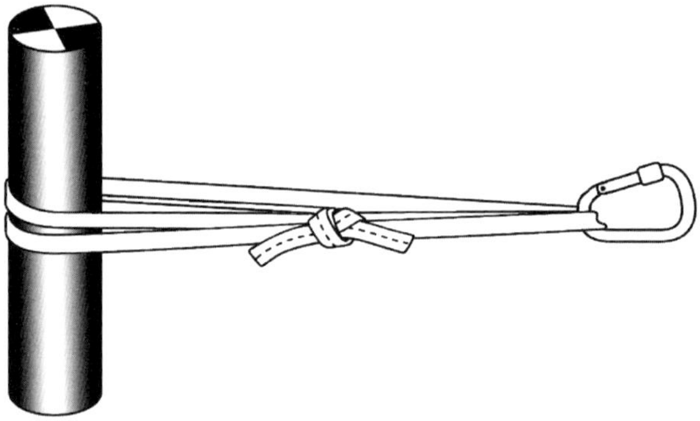

图 4-15 篮结

5. 双重篮结

将预制绳环或扁带环缠绕成双圈，中部置于锚点处，从后向前绕过锚点，两端使用安全钩进行连接，即成双重篮结（Double Loop Basket Sling）（图 4-16）。使用双重篮结制作的锚点系统相对较为牢固，通常情况下不会因负荷过重而向下滑动。

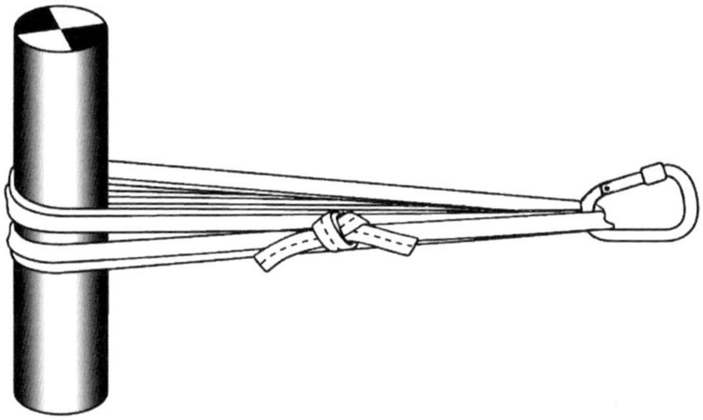

图 4-16 双重篮结

（二）使用安全绳或扁带现场装配锚点系统

当预制的扁带环或绳环不适于救援现场的锚点时，或锚点的位置、形状、尺寸未知时，应使用扁带或安全绳现场装配锚点系统。现场装配锚点系统时，往往将扁带或安全绳环绕锚点后再打结固定。扁带通常打水结，安全绳制作单环 8 字结或反手连接结。

当锚点较大时，使用扁带或安全绳现场装配，可以将扁带或安全绳相互连接以适应锚点的需要，也可以增加扁带或安全绳环绕的圈数，通过调整尾绳的长度改变松紧度，或是改变绳结的位置调整受力，通过环绕使锚点系统更为稳固。不足之处在于制作完成的扁带环或绳环无法重复使用，需要反复打结、拆解，用时较长。

1. 单层绳（扁带）环

使用安全绳或扁带缠绕锚点一圈后，安全绳两端打 8 字结或反手连接结，扁带两端打水结，即成单层绳环或单层扁带环（Single Loop）（图 4-17）。单层绳（扁带）环的优点在于只需使用一条安全绳或扁带就可以完成制作，操作简单。不足之处在于，相对其他装配方法，单层绳（扁带）环无法固定于锚点上，且负荷强度较小，仅能负荷救援人员一人的重量，常用于个人技术上升或下降。

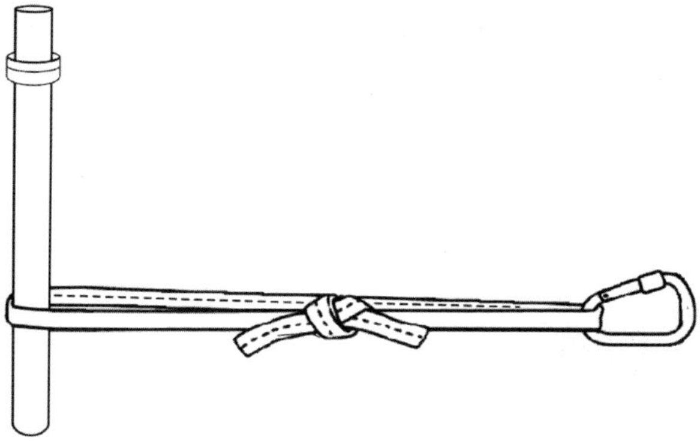

图 4-17　单层扁带环

2. 多层绳（扁带）环

使用安全绳或扁带缠绕锚点三圈以上，安全绳两端打 8 字结或反手连接结，扁带两端打水结，即成多层绳（扁带）环（Multi-loop）（图 4-18）。多层绳（扁带）环比单层绳（扁带）环的负荷强度高得多，缺点在于不能固定于锚点上，在不承重状态下容易松动和下滑，且需要较多的绳（扁带）长。

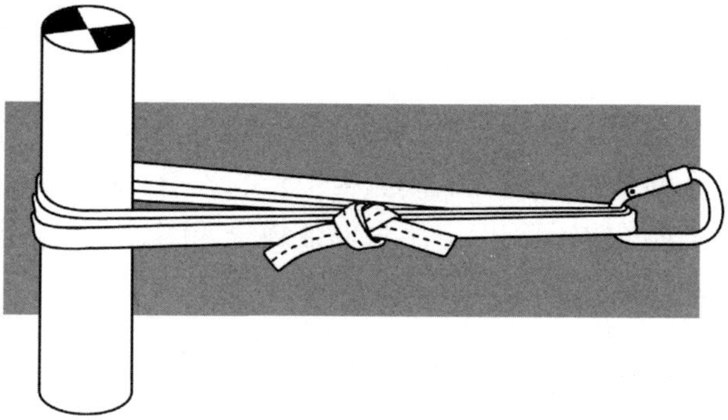

图 4-18　多层扁带环

3. “绕三拉二”

将安全绳或扁带缠绕锚点三圈，安全绳两端打8字结或反手连接结，扁带两端打水结，将打结部位贴紧锚点，另两圈连接安全钩，即成“绕三拉二”(Wrap Three Pull Two)（图4-19）。“绕三拉二”制作的锚点系统较为牢固，强度较好，易于解除。其缺点在于对安全绳或扁带的长度有较高要求，整理较为困难，费时较长。

4. 无张力套结

无张力套结（Tensionless Hitch）是一种快速、高效的锚点系统制作的方法（图4-20）。之所以称之为“无张力套结”，是因为安全绳在缠绕后操作端不再承受任何拉力，即使在操作端上又制作单环8字结，也不会有损系统的负荷强度。

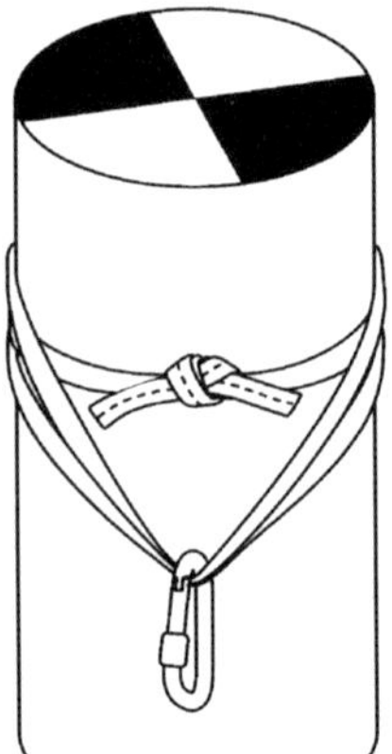

图4-19 “绕三拉二”

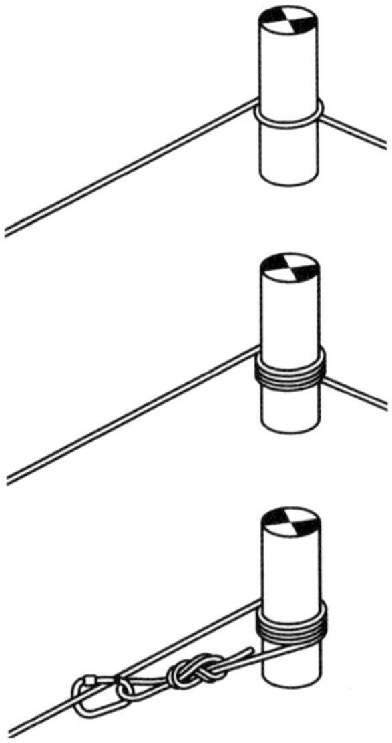

图4-20 无张力套结

使用无张力套结时，圆柱形锚点的直径不应小于10cm，否则将影响系统的负荷强度。安全绳备用段缠绕的圈数视锚点的光滑程度而定，锚点表面越光滑，则所需缠绕的圈数越多，但应至少保证缠绕四圈，至多六圈。故而使用无张力套结制作锚点系统需要较多绳长。

二、多锚点系统

当单一锚点的强度不足以独立承受预期负荷的重量时，需要考虑使用两个或更多的锚点进行负荷的分担，形成两点式锚点系统、三点式锚点系统等。

（一）自我调整式两（三）点式锚点系统的装配

两（三）点式锚点系统通常可以在一定范围内进行调整，以便改变各锚点的受力方向，使各锚点能够平均地分担负荷（图 4-21）。如果其中一个锚点损毁，则会使其他锚点的受力迅速增加，甚至导致整个系统的崩溃。

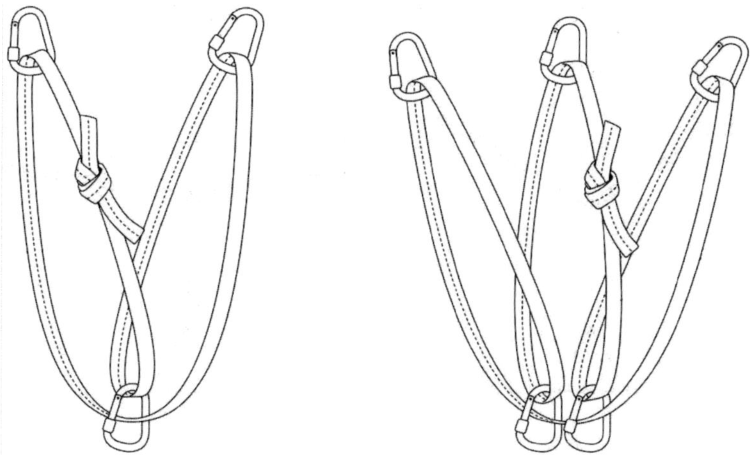

(a)　　(b)

图 4-21　多点式锚点系统

（a）两点式锚点系统；（b）三点式锚点系统

锚点系统通常使用 12′扁带或通用型安全绳，在与安全钩连接时使用安全结。

（二）临界角

装配多锚点系统的重要原则是使每一个锚点的承重不超过负荷本身的重量。因此，在装配过程中，必须注意各锚点之间的夹角及其变化情况，原则上夹角应不超过 90°。如果现场环境有限，则夹角最多不应超过 120°，即每个锚点的承重负荷相当于系统负荷。

如图 4-22 所示，系统负荷为 300kg 时，在夹角分别为 45°、90°、120°、160°时，各锚点的承重情况。

（三）远距离锚点装配

当各锚点之间的距离较远时，可先在各锚点上使用安全绳或扁带制作牵引绳，将各牵引绳延伸至集中点，然后制作自调整用绳圈或扁带环，连接各条牵引绳（图 4-23）。

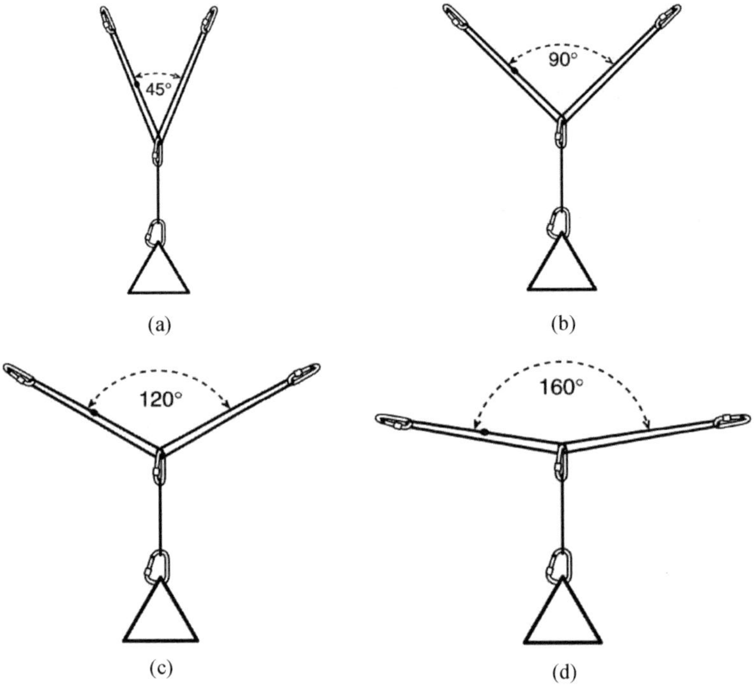

图 4-22　不同夹角锚点受力情况分析

（a）夹角为 45°，每个锚点受力 150kg；（b）夹角为 90°，每个锚点受力 210kg；
（c）夹角为 120°，每个锚点受力 300kg；（d）夹角为 160°，每个锚点受力 1125kg

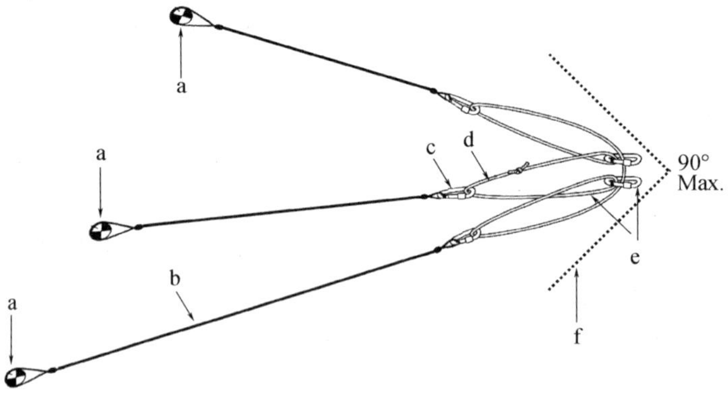

图 4-23　远距离锚点装配范例

a—锚点；b—牵引绳；c—安全钩；d—自调整绳圈或扁带环；
e—安全结（双安全钩）；f—夹角

第五章　主绳系统与确保绳系统

一个完整的绳索救援系统包括一个主绳系统（Main Line System）和一个确保绳系统（Belay Line System），主绳系统和确保绳系统均由绳索及其他相关组件构成，按照不同的方式进行装配，发挥各自的功能。

通常情况下，负荷的重量主要由主绳系统承担。当主绳系统中的绳索或相关组件损毁时，负荷的重量主要由确保绳系统承担。事实证明，这样的双绳系统（Double Rope System）是最为安全的绳索救援系统。

第一节　主绳系统

通过主绳系统，救援人员能够迅速地到达伤员（受困人员）所在地，将伤员（受困人员）以及救援担架、救援人员一起提升至安全区域，并在有坠落风险的情况下防止坠落，减轻坠落损伤。主绳系统需要承担负荷（伤员、担架、救援人员及其所携行装备）的重量，通常呈现为下降/上升系统、下放/提升系统，执行下降与上升、下放与提升等操作。在某些情况下，主绳系统将成为省力系统或拖拽系统的一部分。

一、主绳系统的基本器材组合

通常情况下，主绳系统首先会是一个下放系统（Lowering System），将救援人员送至伤员处，将伤员固定至担架后，主绳系统转变为提升系统（Raising System），将伤员和救援人员提升至安全区域。因此，主绳系统除救援主绳（Main Line）外，至少还包括：锚分配器（Anchor Plate）、荷载释放带（Load Release Device，LRD）、下降控制器（Descent Control Device，排型缓降器、8 字环等）、滑轮（Pulley）、1 条长普鲁士绳环（Long Prusik Loop）、1 条短普鲁士绳环（Short Prusik Loop）及 5 个安全钩（Carabiner）（图 5-1）。

普鲁士结能够起到摩擦制动的作用，以便平稳提升和下放救援人员。在提升过程中，滑轮可以改变力的方向，并为将提升系统改变为机械省力系统

(Mechanical Advantage System) 奠定基础。在下放过程中，排型缓降器（或8字环）作为下降控制器可以控制下降速度。

由于这一组合主要由下降控制器、滑轮和荷载释放带构成，欧美许多国家称之RPM组件。“R（Resistance）”指排型缓降器或8字环等用于控制下降速度的装置；“P（Pulley）”指滑轮；“M（Mariner's Hitch）”指荷载释放带，无论相关厂家出厂的成品还是自行装配的荷载释放带，都需要将吊索（Lanyard）或扁带制作成水手结（Mariner's Hitch）。RPM组件能够根据救援现场的需要进行调整，形成下放系统（图5-2）、直拉式提升系统（图5-3）和机械省力（提升）系统，也可用于确保绳系统中。

图5-1　主绳系统的基本器材组合

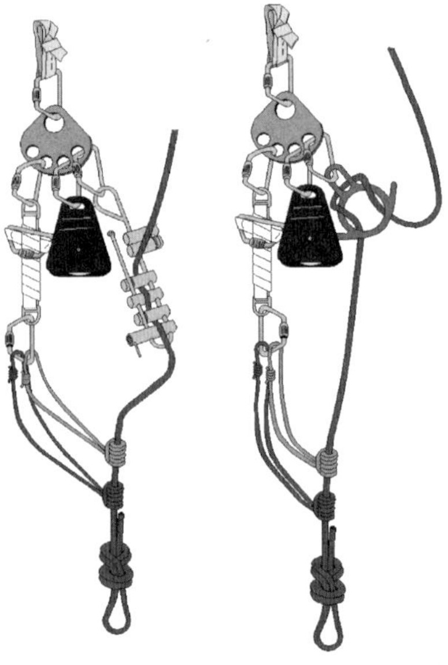

图5-2　下放系统装配范例

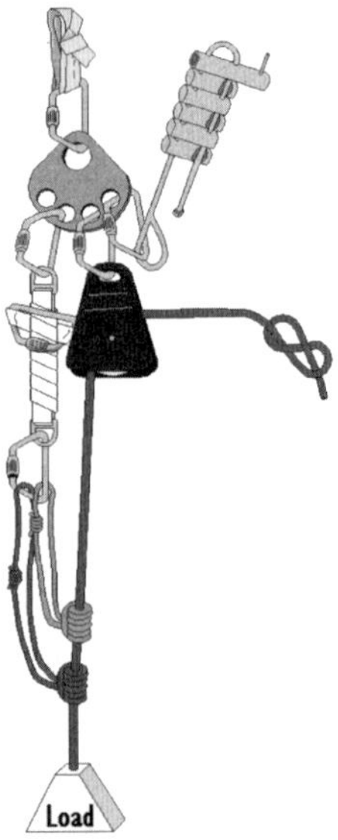

图5-3　直拉式提升系统装配范例

二、机械省力系统组件

在提升的过程中，既要克服伤员、救援担架和救援人员的重量，又要克服绳索与锚点以及系统组件间的摩擦力，所以通常需要将主系统改换为机械省力系统。这时需要再增加机械省力系统组件（图5-4）。机械省力系统组件包括：3个安全钩、3个滑轮、2个短普鲁士绳环或抓绳器（Mechanical Rope Grabs）以及1个装配锚点的扁带环（长约10～50cm）。

将机械省力系统组件中的部分组件与原有的主绳系统基本器材组合联合

使用，就能够形成3：1省力提升系统（图5-5）。使用机械省力系统组件中的全部器材，可以形成5：1省力提升系统（图5-6），具体装配方法见第七章。

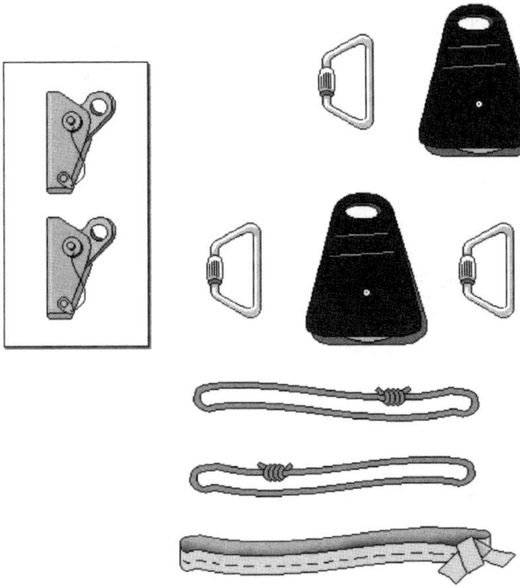

图5-4　机械省力系统器材组合

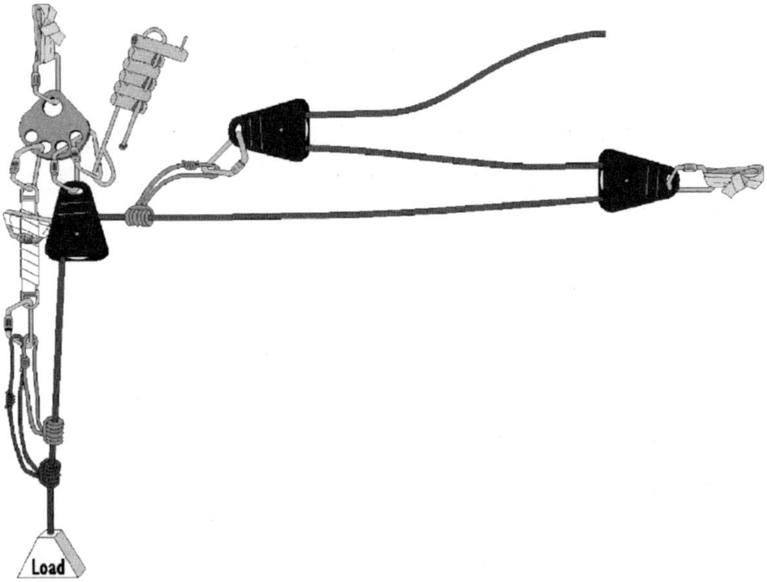

图5-5　3：1省力系统装配范例

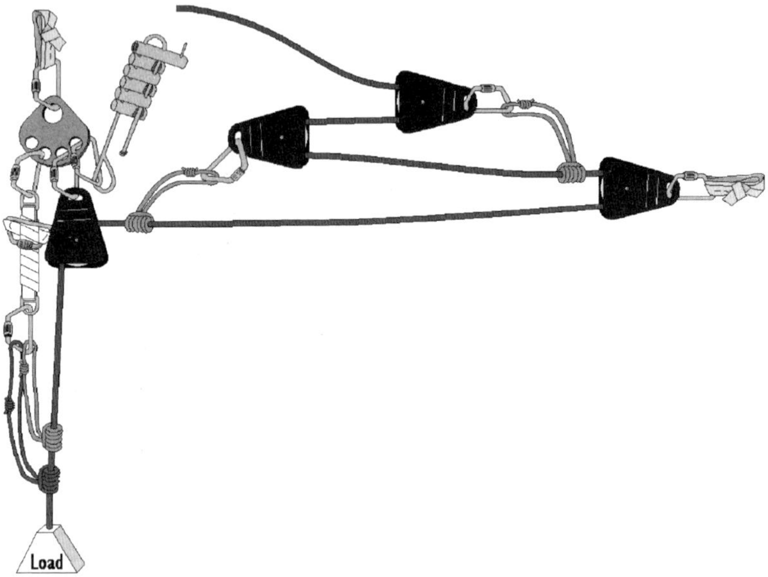

图 5-6　5：1 省力系统装配范例

如果能够按照模块化原则将 RPM 组件、省力系统器材组合等提前进行预装配，形成预装配的功能化组件，放置于独立的器材袋中，直接运送到救援现场，则能够大大提高救援的效率。

第二节　确保绳系统

确保绳是主绳的辅助和支持装备。通常情况下，确保绳处于松弛状态，不作为承重绳。只有在主绳损毁时，确保绳才会承担系统负荷。在主绳系统出现快速坠落的情况下，确保绳能够有效缓解冲坠。

一、确保绳系统的构成

确保绳系统的主要目的是为救援人员和伤员提供防坠落保护。任何一个绳索救援系统都应具备确保绳系统。

（一）确保绳系统的基本器材组合

确保绳系统除确保绳（Belay Line，也有部分地区称之为安全绳，两种名称皆被认可，本书中称为确保绳）外还包括：1 个荷载释放带、2 个安全钩、1 个长普鲁士绳环、1 个短普鲁士绳环（图 5-7）。

在这一基本器材组合中，确保绳系统不含有滑轮，不能进行快速的提拉，但也使得整个系统更容易掌控。基本器材组合能够最大限度地避免普鲁士结抓绳过紧或阻滞，减少因摩擦生热而对系统组件（确保绳、普鲁士结等）产生的潜在性损坏。可以直接使用 RPM 组件来实现这一功能（图 5-8）。

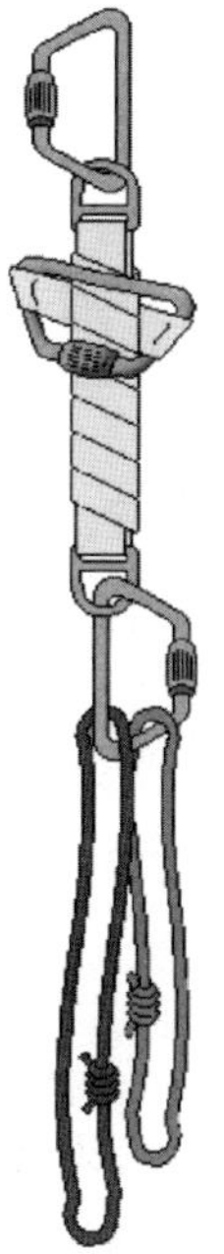

图 5-7 确保绳系统的基本器材组合

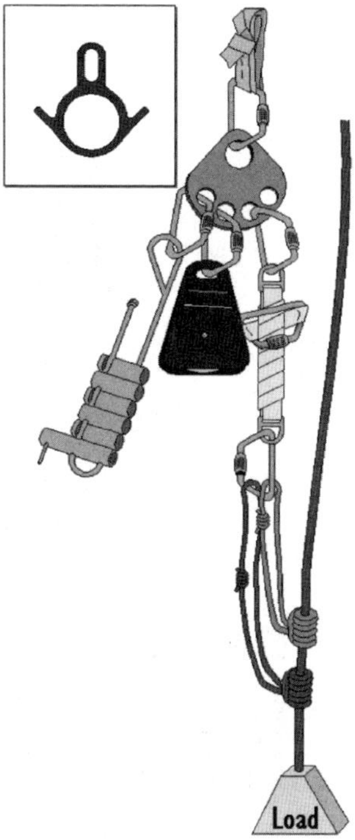

图 5-8 RPM 组件用于确保绳系统

（二）带滑轮的确保绳系统

带滑轮的确保绳系统能够使保护人员通过操控普鲁士结逐步地下放确保绳。当解除负荷后，保护人员能够快速地提升下放的绳索。可以使用 RPM 组件来实现这一功能，普鲁士结、滑轮和安全钩的连接方式有两种（图 5-9）。

使用带滑轮的确保绳系统，在进行下放/提升操作时，保护人员必须双手配合操作，以逐步地下放/提升确保绳，使普鲁士结处于适应张紧状态。抓绳过紧可能会导致绳索阻滞、操作不畅，或者因摩擦生热导致普鲁士结损毁；系统负荷（包括绳索与附件自身的重量）可能会导致普鲁士结意外抓绳。因此，应尽量将带滑轮的确保绳系统放置于平坦的地面上，避免普鲁士结抓绳过紧。但普鲁士结也不能过于放松，否则，当意外发生时，普鲁士结无法发挥防坠落功能。

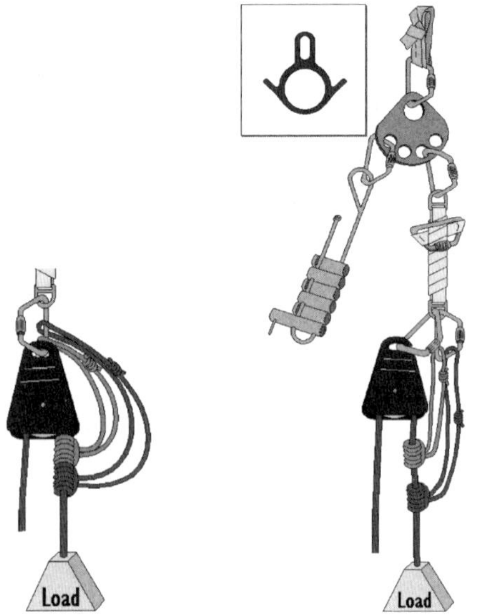

图 5-9 带滑轮的确保绳系统（RMP 组件用于确保绳系统）

二、确保绳系统的操作

（一）下放操作

在使用确保绳系统实施下放操作时，保护人员两只手必须紧密配合。其中，一只为抓结手（Prusik Minding Hand，PMH），将两个普鲁士结握于掌心；另一只手为控绳手（Control Hand，CH），抓握确保绳（图 5-10）。

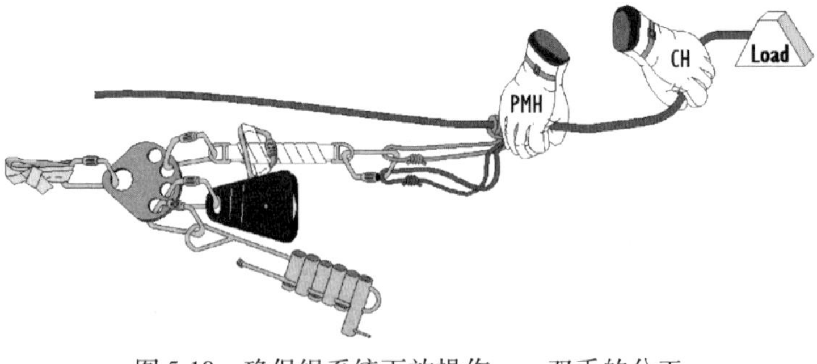

图 5-10 确保绳系统下放操作——双手的分工

1. 使用基本形态的确保绳系统实施下放操作

保护人员呈跪姿（单膝或双膝）固定身体于确保绳普鲁士结靠近系统负荷一侧。抓结手（PMH）与控绳手（CH）相隔一肩距离（图 5-10）。

抓结手（PMH）的拇指和食指扣成环，抓握长普鲁士结，将长普鲁士结向锚点方向滑动，直至触碰到短普鲁士结，将两个普鲁士结握于手中。继续向锚点方向滑动，直至出现 5～8cm 的松弛度。

由于此时主绳系统正在下放负荷，负荷距离锚点的距离越来越远。为配合主绳系统，控绳手抓握确保绳，使确保绳穿过普鲁士结，向负荷方向放绳，每次放绳的长度约为一臂，最多不超过 60cm（图 5-11）。收回控绳手，重复操作，继续放绳，直至下放操作完成或中止。

2. 使用带滑轮的确保绳系统实施下放操作

在可能的条件下，保护人员将确保绳穿过滑轮后按照图 5-12 所示的角度进行放置，以便于在操作过程中确保绳能够平稳下放。

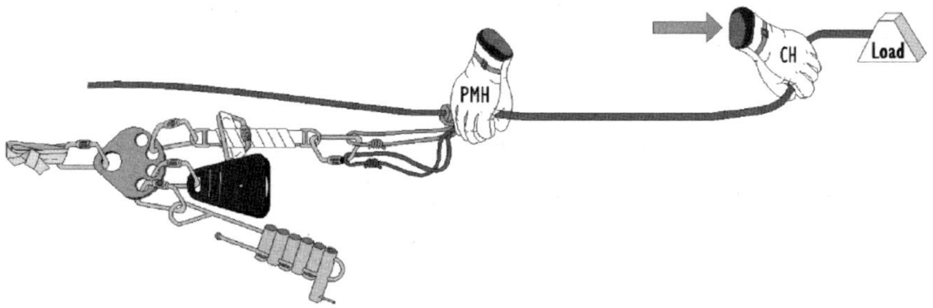

图 5-11　确保绳系统控绳手放绳

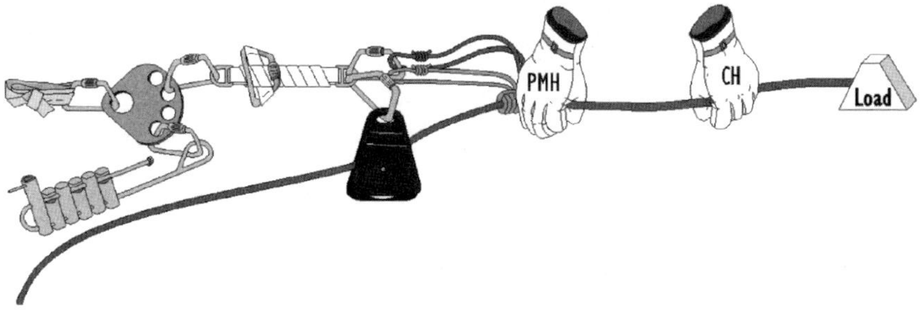

图 5-12　带滑轮的确保绳系统下放操作——双手的分工

抓结手（PMH）的拇指和食指扣成环，抓握长普鲁士结，将长普鲁士结向锚点方向滑动，直至触碰到短普鲁士结，将两个普鲁士结握于手中。继续向锚点方向滑动，直至出现 5～8cm 的松弛度。

由于系统在下放负荷，负荷距离锚点的距离越来越远。每次放绳长度约一臂，最多不超过 60cm（图 5-13）。收回控绳手，重复操作，继续放绳，直至下放操作完成或中止。

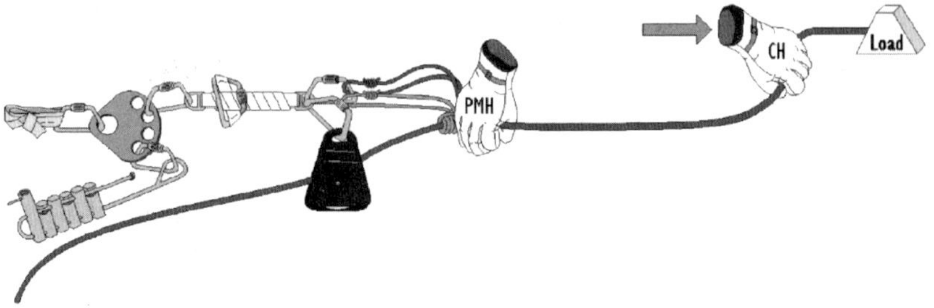

图 5-13 带滑轮的确保绳系统控绳手放绳

（二）提升操作

1. 使用基本器材组合确保绳系统实施提升操作

抓结手（PMH）的拇指和食指扣成环，抓握短普鲁士结，保持短普鲁士结在整个操作过程中处于张紧状态（图 5-14）。控绳手（CH）抓握确保绳，使确保绳穿过普鲁士结，向锚点方向拉绳，每次拉绳的长度约一臂（图 5-15）。确保绳移动过程中，长普鲁士结同时向锚点方向滑动，触碰到短普鲁士结时，将两个普鲁士结握于手中。控绳手继续拉绳，直至提升操作完成或中止。

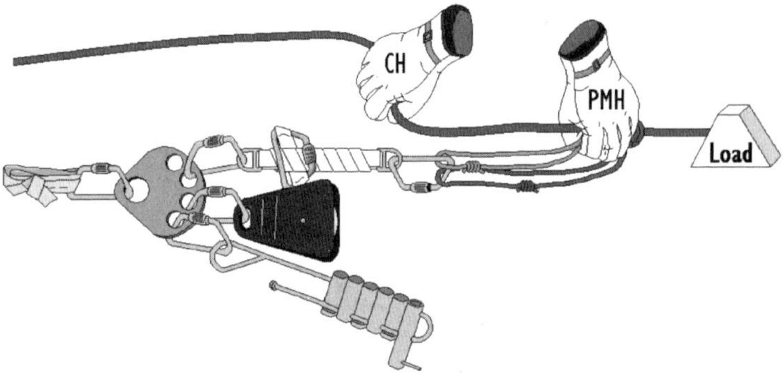

图 5-14 确保绳系统提升操作——双手的分工

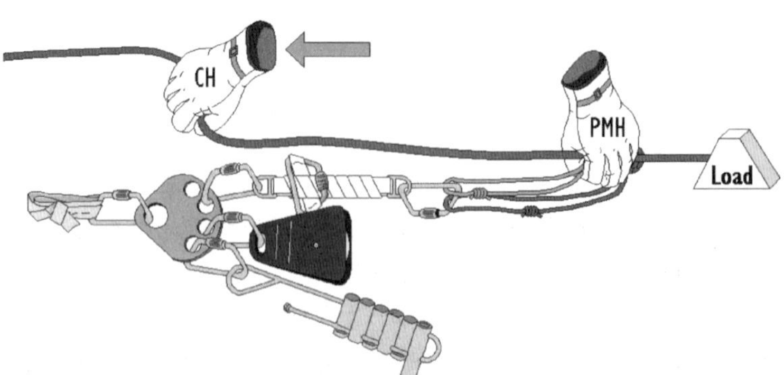

图 5-15 确保绳系统控绳手拉绳

2. 使用带滑轮的确保绳系统实施提升操作

保护人员位于普鲁士结对侧，将确保绳穿过滑轮后，保持张紧，避免衣物、手套等缠绕到滑轮中。一只手放置于距离滑轮约60cm处，抓握普鲁士结对侧的确保绳；另一只手与第一只手在同一侧抓握确保绳，距离适当。两手交替拉绳，向远离锚点方向用力（图5-16）。拉动过程中，保持确保绳与滑轮在同一水平线上（呈180°角）。普鲁士结随着确保绳的移动，停滞于滑轮的底部。一旦主绳出现意外情况，确保绳将承担负荷的重量，普鲁士结将处于张紧状态，发挥防坠落功能。

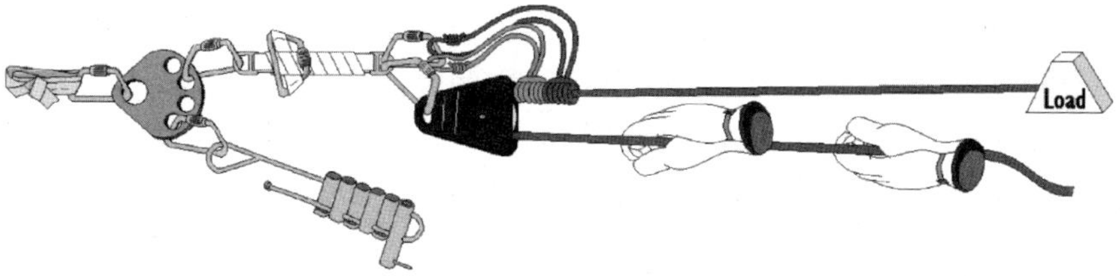

图5-16 带滑轮确保系统提升操作

第三节 荷载释放

绳索救援系统中，普鲁士结相当于刹车装置，用于系统控制和急停。但是，在救援过程中，可能会出现因普鲁士结意外锁定而导致主系统或确保系统无法正常运行，以至于救援行动不得不中止的情况。最简单的解除系统锁定的方法是让保护人员身体倾斜，直接向上提拉仍可正常运行的锚点绳索，使普鲁士结意外锁定的锚点绳索处于放松状态，然后调整普鲁士结的状态。但是受现场条件制约，直接提拉法有时可能无法实施，这时需要使用荷载释放的方法解除普鲁士结的锁定。

一、系统锁定

绳索救援通常遇到的需要进行荷载释放的情况主要包括：

（1）下降操作时确保绳上的普鲁士结意外锁定；

（2）下放操作时确保绳上的普鲁士结意外锁定；

（3）提升操作时因负荷（如担架等）受阻，主绳和（或）确保绳上的普鲁士结意外锁定。

二、下降与下放系统中解除锁定的方法

下降操作时确保绳上的普鲁士结意外锁定。这时，可以使用两种方法解除锁定，即在锁定下降系统的下降装置或下放系统的锚点装置后，在确保绳上使用直接提拉法或使用滑轮和普鲁士结建立“Z”形结构，以解除锁定。

（一）直接提拉法

所有救援人员停止下降（下放）操作，将主绳上的下降装置（8 字环、排型缓降器等）锁定，使主绳处于张紧状态。至少两名保护人员抓握锚点与系统负荷之间的主绳，身体后倾，向上提拉主绳（图 5-17），使系统负荷产生些许向上位移、确保绳处于松弛状态，然后调整普鲁士结（图 5-18）。普鲁士结调整完毕后，将提起的主绳缓慢恢复原位。在对整个绳索救援系统进行检查后，打开锁定的下降装置，重新开始下降（下放）操作。

图 5-17　直接提拉法

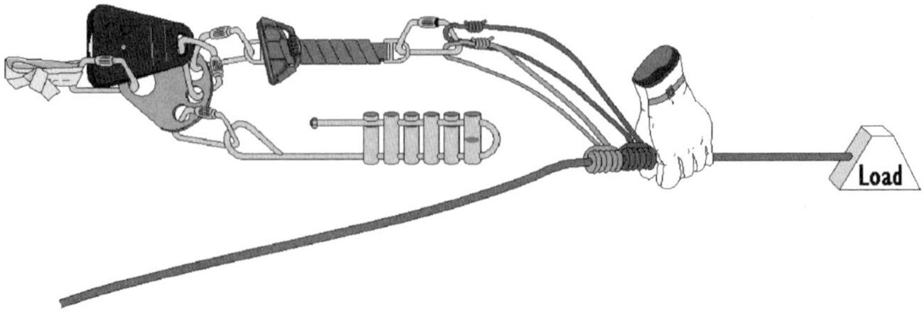

图 5-18　调整普鲁士结

（二）建立“Z”形结构

所有保护人员停止下降（下放）操作，将主绳上的下降装置（8字环、排型缓降器等）锁定，使主绳处于张紧状态。

在确保绳的锚分配器上连接转向滑轮，改变确保绳的方向（图5-19）。

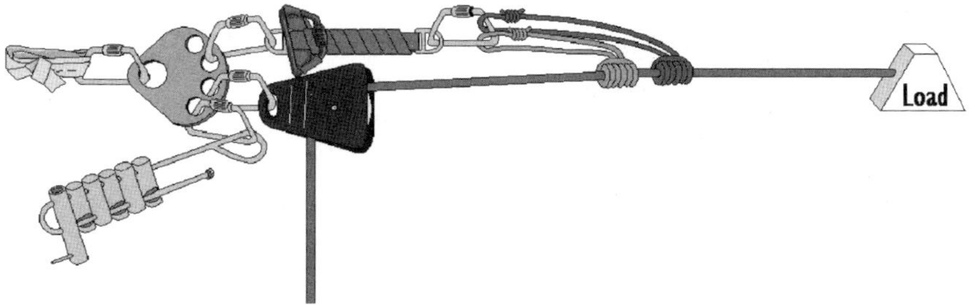

图5-19　改变确保绳方向

在锁定的普鲁士结下方（远离锚点、靠近系统负荷一端）制作普鲁士结（3圈）（图5-20）。

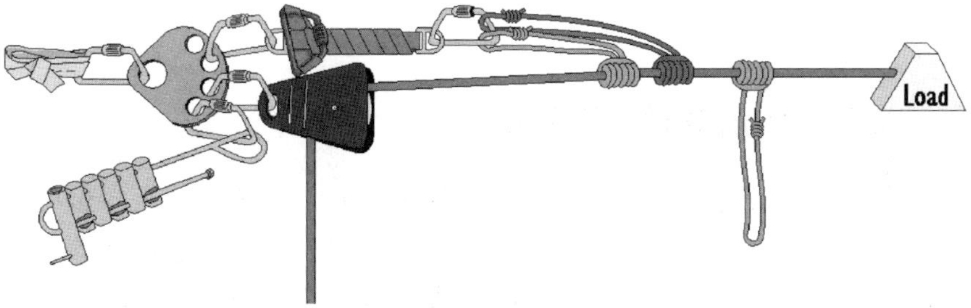

图5-20　制作普鲁士结（3圈）

将已改变方向的确保绳与新建立的普鲁士结通过安全钩进行连接，形成“Z”形结构（图5-21）。

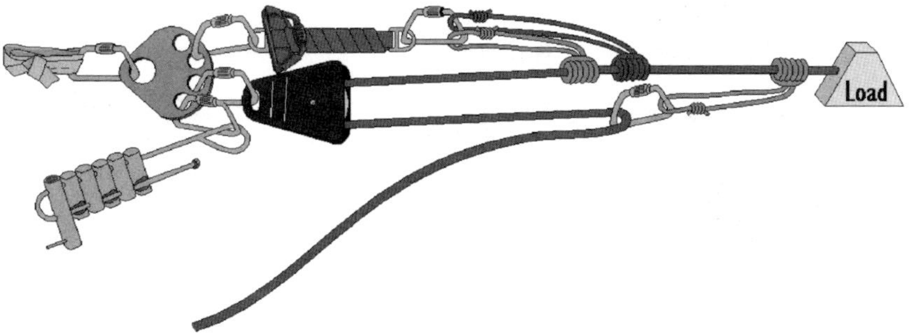

图5-21　形成“Z”形结构

至少两名保护人员抓握穿过安全钩的确保绳，向上提拉，系统负荷产生些许向上的位移，锁定的普鲁士结出现松弛（图5-22）。

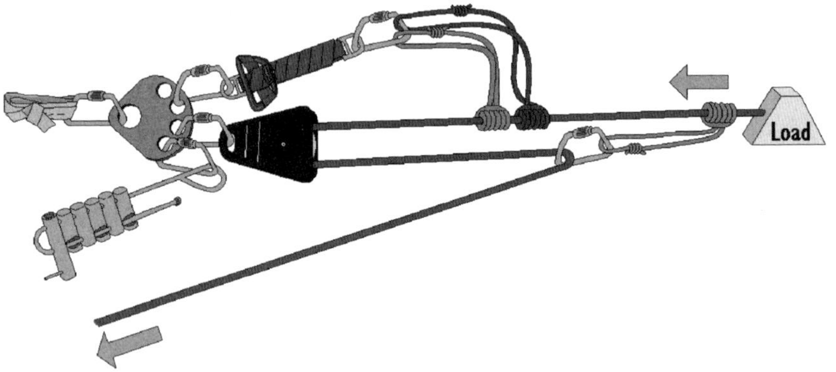

图5-22 松弛锁定的普鲁士结

调整普鲁士结后，拆除“Z”形结构，将提起的主绳缓慢恢复原位。在对整个绳索救援系统进行检查后，打开锁定的下降装置，重新开始下降（下放）操作。

三、提升系统解除锁定的方法

在大多数提升系统中，普鲁士结的意外锁定通常不会对绳索救援过程产生太大的影响。但是，如果是在提升的过程中，担架因某些突出的障碍物而受阻，导致主绳和确保绳的普鲁士结同时出现意外锁定（图5-23），这时就需要使用荷载释放带来进行操作。

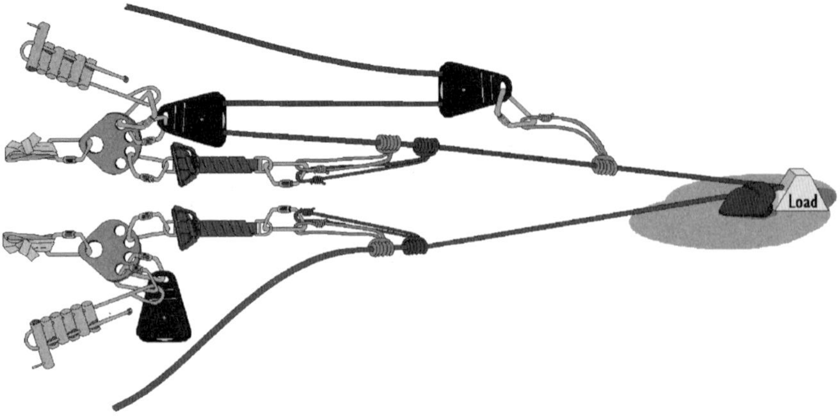

图5-23 主绳和确保绳的普鲁士结同时出现意外锁定

四、荷载释放带

在下放系统和下降系统中，确保系统中装配荷载释放带（Load Release Strap）；在提升系统中，主系统和确保系统中都装配荷载释放带。

（一）荷载释放带的装配

不同的装备生产厂家生产的荷载释放带的操作程序有所不同，下面以 CMC 公司生产的荷载释放带（CMC ProSeries Load Release Strap）为例做一介绍：

（1）根据出厂设计，扁带一端（固定端）通过固定的 D 形环（图 5-24 中下方 D 形环）连接。沿着游离的 D 形环（图 5-24 中上方 D 形环）拉动扁带的另一端（操作端），直至接近衍缝线部分（图 5-24a）。

（2）将扁带操作端从下方 D 形环向上方 D 形环沿斜上方向缠绕，留出 20cm 尾端。

（3）将留出的尾端自中部起折叠，形成扁带耳（图 5-24c）。

（4）将扁带耳插入上方 D 形环下的空隙后，拉出扁带耳（图 5-24d）。

（5）将安全钩从扁带耳底部穿入，沿尾端中部折叠部位穿出（图 5-24e）。

（6）锁死安全钩，完成荷载释放带的制作（图 5-24f）。

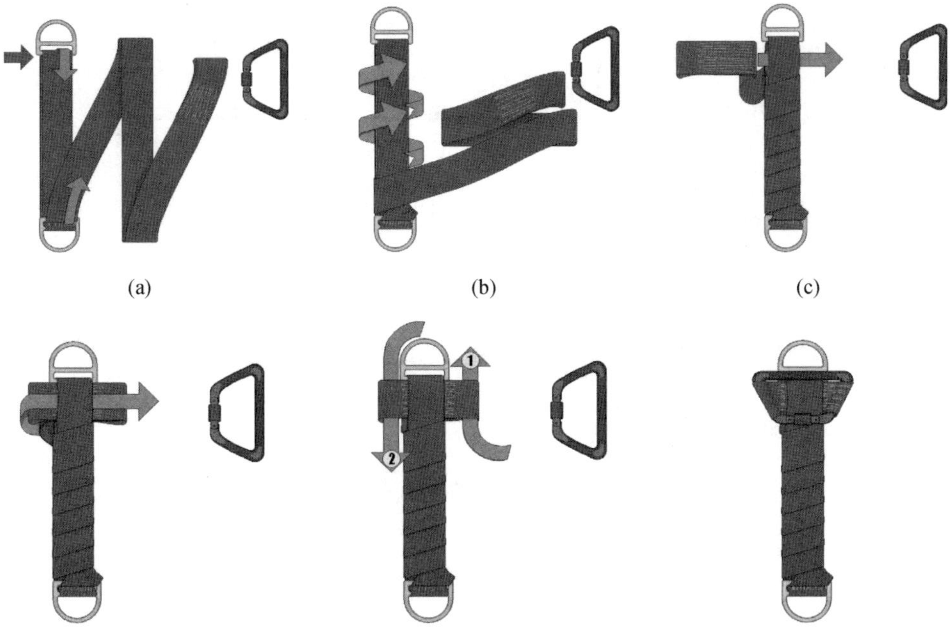

(a)　(b)　(c)　(d)　(e)　(f)

图 5-24　荷载释放带装配

（二）荷载释放带的使用

当普鲁士结意外锁死后，绳索救援系统无法正常工作。这时，需要使用荷载释放带进行承重负荷的转移，由另一根锚点绳索来承担系统负荷的承重。

1. 确保绳系统中的荷载释放带

由于系统负荷由主绳系统承担，因此，确保绳系统中的荷载释放带的使用不存在负载转移的问题。

（1）拆解荷载释放带的安全钩，打开荷载释放带的水手结（图 5-25a）。

（2）缓慢释放荷载释放带，放松确保绳上的普鲁士结，使其恢复原位（图 5-25b）。

（3）重新装配荷载释放带（图 5-25c）。

（4）进行系统安全检查后同时操作主绳系统和确保绳系统。

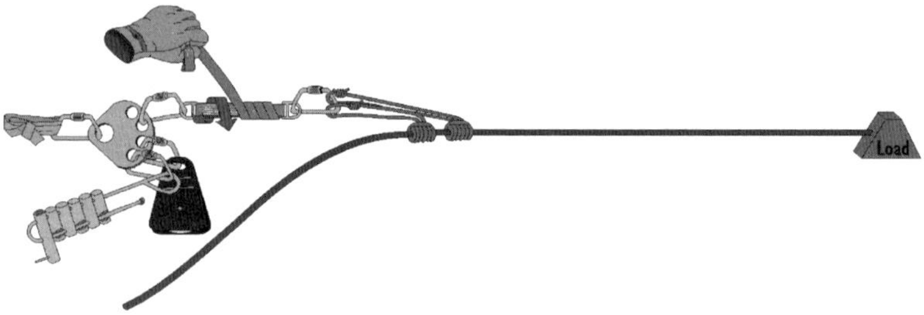

(a)

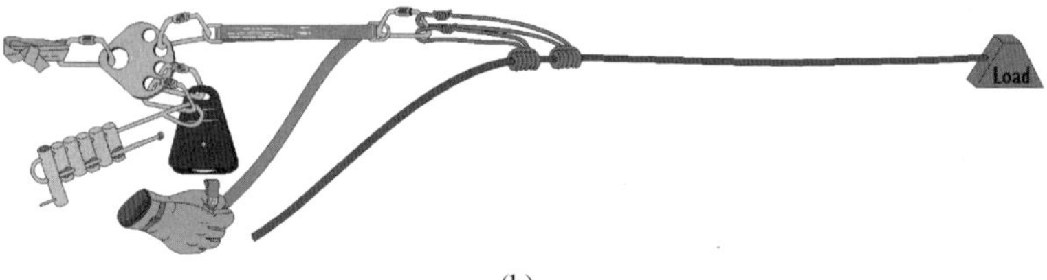

(b)

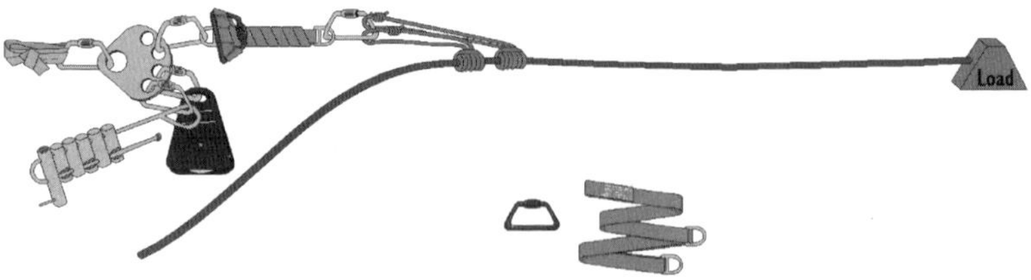

(c)

图 5-25　确保绳系统中荷载释放带的操作方法

2. 主绳系统中的荷载释放带

（1）使系统负荷转移至确保绳上。

（2）调整省力系统中动滑轮（省力滑轮）与主绳连接的普鲁士结，为荷载释放带操作提供足够的空间（图 5-26a）。

（3）打开荷载释放带的水手结（图 5-26b），缓慢释放荷载释放带（图 5-26c），在操作荷载释放带的过程中，始终保持省力系统处于张紧状态。

（4）放松主绳上的普鲁士结，并使其复位。

（5）重新装配荷载释放带（图 5-26d）。

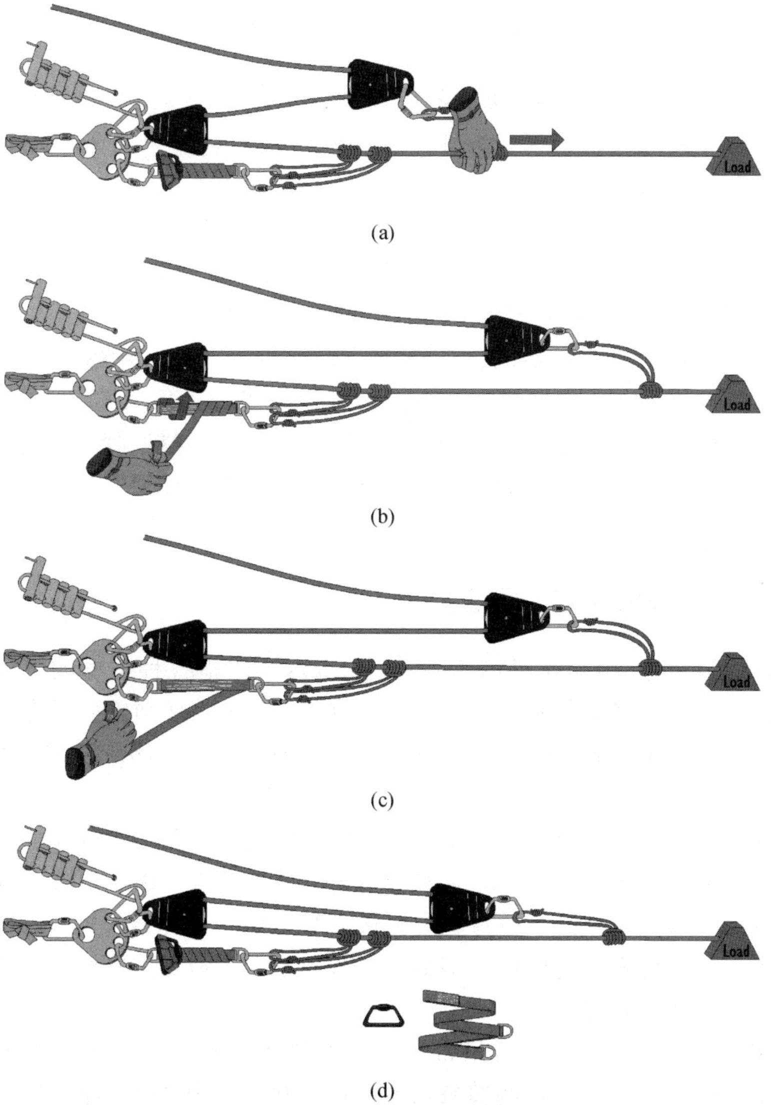

图 5-26　主绳系统中荷载释放带的操作方法

第六章　下降与上升

第一节　下　　降

下降（Descending），通常是指救援人员个人操作的技术下降（Rappelling），多应用在高角度救援过程中，在低角度绳索救援过程中使用较少。大多数情况下，救援团队可以利用下放系统（Lowering System）将救援人员送至救援现场。但是，某些特殊的救援环境中，救援人员需要应用下降技术自行到达救援现场。例如，当大多数救援人员都在斜坡（或悬崖）的上部而救援团队需要缚着一根或几根固定绳来稳固锚点时。

下降是一项有风险的活动，需要救援人员技术熟练、对器材有充分的了解，并能够与救援团队的成员密切协作。下降速度应平稳、缓慢，以避免摩擦生热对器材的损坏。快速的、跳跃式的下降可能导致下降控制装置过热，使锚点和其他系统组件受力突然增大而对器材造成不必要的损害，甚至可能出现锚点的意外损毁。

一、下降控制装置的装配

下降控制装置（Descending Control Devices）泛指各种类型的下降器，此处以救援机构使用最为普遍的手动下降控制装置（8 字环和排型缓降器）的应用为重点，自动掣停式下降控制装置因为制造商不同，具体使用方法参照制造商说明书。

装配下降控制装置时，首先要选择足够长度的安全绳作为下降绳（Lowering Line）。下降操作前，将下降绳末端制作单环 8 字结。由于下降绳通常放置于绳包内，或背负于救援人员身上，救援人员只能预判绳索长度，而无法进行相应检查。下降绳末端的单环 8 字结可以有效制动，避免下降绳全部投入使用后救援人员脱离下降绳。

救援人员穿着全身或半身吊带，与工作边界保持安全距离，朝向锚点方向，在下降绳上安装下降控制装置（8 字环或排型缓降器），通过安全钩连接于安全吊带腰部前方的 D 形环。

在确保绳末端制作单环8字结，通过安全钩连接至救援人员安全吊带。确保绳与下降绳通常由不同的安全钩连接至救援人员的安全吊带（图6-1）。可以将确保绳通过安全钩连接至救援人员全身式安全吊带后背部D形环或半身式安全吊带腰部D形环。

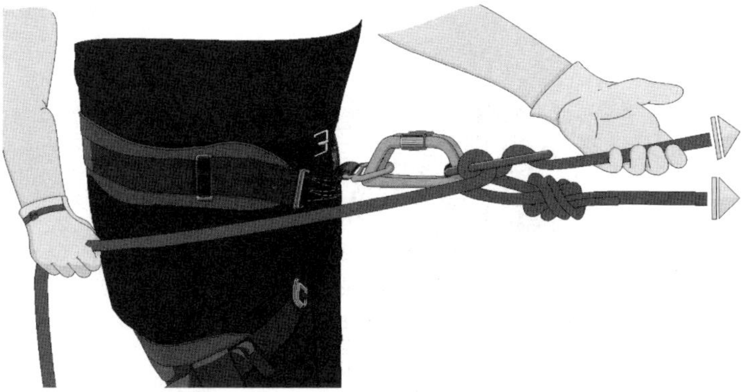

图6-1　下降控制器的装配范例

（一）8字环的装配

8字环（图6-2）是最常用的下降控制装置之一。通常包括大环（上方）与小环（下方），大环用于穿过下降绳、控制下降速度，小环用于通过安全钩与救援人员相连接。也有的8字环在两环之间还有一个孔洞，用于与除下降绳以外的其他安全绳相连接。

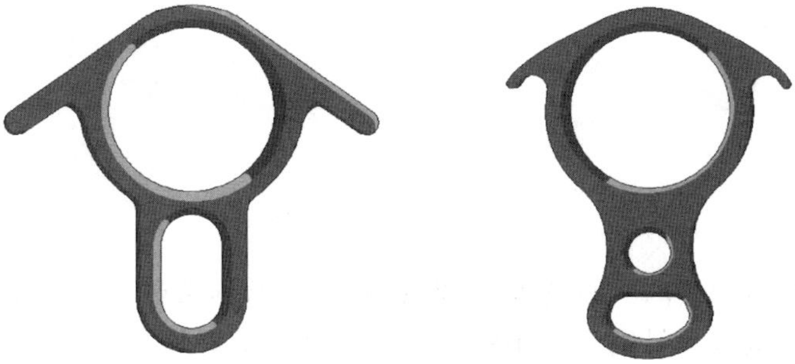

图6-2　8字环

装配8字环时，首先需在下降绳上制作绳耳，从后向前自8字环上部大环中穿过（图6-3a）；然后将穿过上部大环的绳耳拉向8字环底部，绕过下方小环，拉紧（图6-3b）；最后，将8字环下方小环通过安全钩连接至安全吊带（图6-3c）。

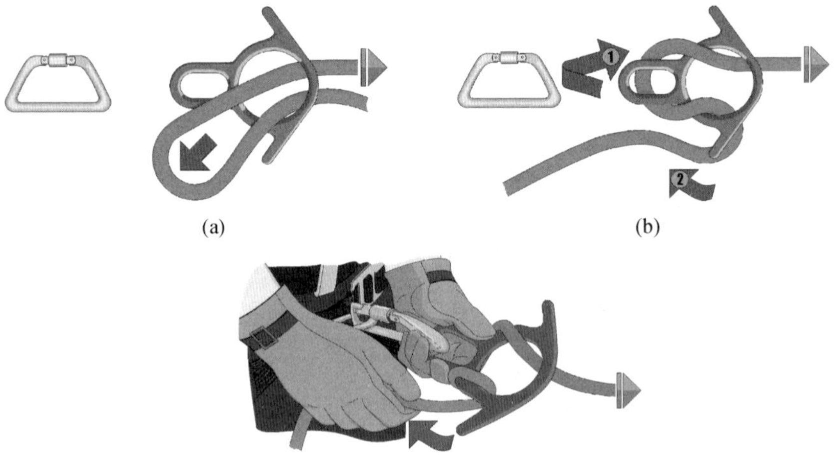

(a) (b) (c)

图 6-3　装配 8 字环

(二) 排型缓降器的装配

排型缓降器作为常用的下降控制装置，在下降和下放操作中使用非常广泛。排型缓降器通过 U 形框架之间的 6 条卡扣型横杠（图 6-4），可以根据需要进行装配和调节，以控制下降速度。与 8 字环相比，其最大的特点是能够避免安全绳本身的扭转。

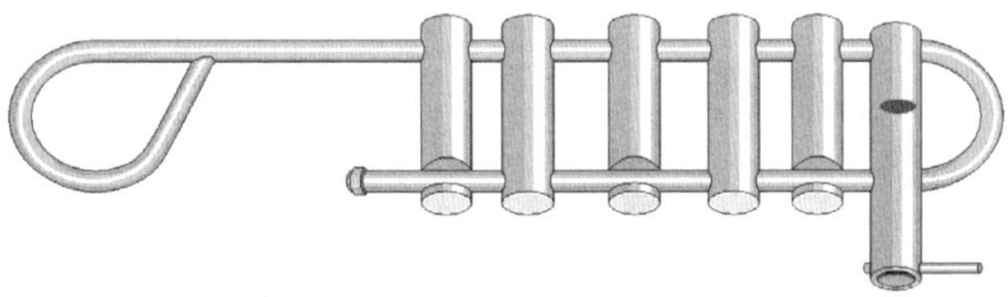

图 6-4　排型缓降器

装配排型缓降器时，首先将排型缓降器 U 形框架较长一端底部圆环通过安全钩连接至救援人员的安全吊带。然后，将下降绳从上向下压住排型缓降器的第 1 条横杠（图 6-5a）。向上移动第 2 条横杠，合上卡扣，将下降绳从下方绕过第 2 条横杠后，向上提拉，收紧下降绳（图 6-5b）。继续向上移动第 3 条横杠，合上卡扣，将下降绳从上方绕过第 3 条横杠，向下拉紧下降绳（图 6-5c）。向上移动第 4 条横杠，合上卡扣，将下降绳从下方绕过第 4 条横杠后，向上提拉，收紧下降绳（图 6-5d）。依次对各条横杠进行操作，直至得到预期的摩擦力。

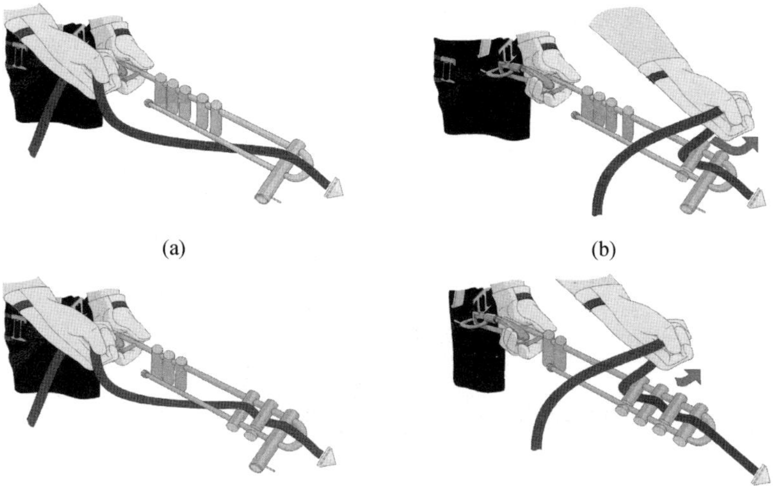

(a)　(b)　(c)　(d)

图 6-5　装配排型缓降器

救援人员可以通过增减下降绳绕过横杠的个数相应增减摩擦力，从而对下降速度进行控制。通常情况下，一人下降时，下降绳至少绕过 4 根横杠；两人下降时，下降绳至少绕过 5 根横杠。

二、实施下降

在确保绳的保护下，准备下降的救援人员倒退着走向救援准备区边缘，操作下降控制装置（8 字环、排型缓降器等），保持下降绳处于张紧状态。完成准备工作后开始下降。在下降过程中，救援人员利用制动手（操作下降控制装置）的抓握力及下降器的摩擦角度，控制绳索通过速度。上方手作为导向手，控制身体姿态和下降方向，辅助下降。下降时，身体保持与工作面垂直，双脚约略与肩同宽（图 6-6），着重于保持平衡，避免失去重心。切勿使用弹跳方式进行下降，避免锚点承受无谓的冲击力而失效。

在操作过程中，一旦救援人员确认到达终点，需要脱离下降绳时，必须首先与操作确保绳的人员进行沟通，在确认其准备完毕后，再进行装备的脱离。

（一）使用 8 字环下降

双手分工，如果救援人员惯于使用右手，则将右手作为制动手，左手为导向手。如果惯用左手，则双手分工相反。下述操作皆以右手操作为范例（略去确保绳）。

图 6-6　下降姿势

制动手抓握 8 字环下方的下降绳，将下降绳拉紧，绕过髋关节，位于臀部下方。导向手抓握 8 字环上部的下降绳，控制身体姿态（图 6-7）。将制动手贴近髋关节，能够全速下降。如果将制动手离开髋关节，则下降速度会逐步减慢。8 字环上方与下方下降绳所成角度越小，下降速度越慢，角度为零时，下降可完全停止。

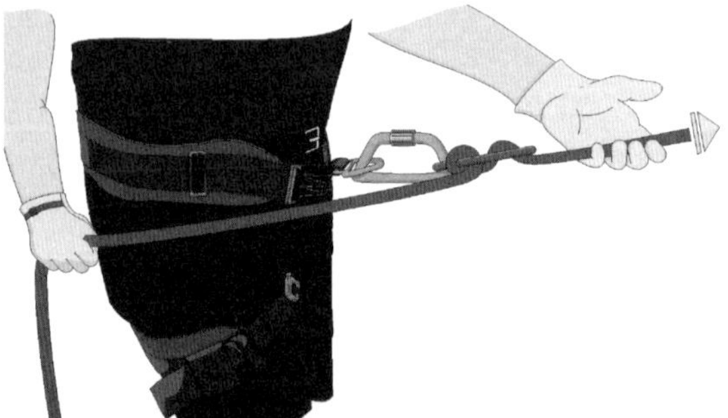

图 6-7　8 字环下降范例

为安全起见，救援人员可于下降器上方利用长、短两个普鲁士绳环分别制作普鲁士结，作为阻挡保护，由导向手向下滑动摩擦结，配合制动手共同实施下降。

（二）排型缓降器下降

制动手抓握下降绳，依次缠绕排型缓降器的横杠，视救援人员与伤员的情况决定缠绕横杠的数量（4 ~ 5 根横杠）。较为合理的方法是先多缠绕 1 ~ 2 根横杠，然后在操作过程中可根据情况进行放松。否则，如果一开始缠绕数量少，而操作过程中的调整相对较为复杂。

制动手在整个操作过程中都位于排型缓降器上方，根据所需的摩擦力大小调整下降绳与排型缓降器之间的夹角。夹角越小，摩擦力越大，下降速度越慢（图 6-8a）；反之，夹角越大，摩擦力越小，下降速度越快，夹角约 180°时下降速度最快（图 6-8b）。

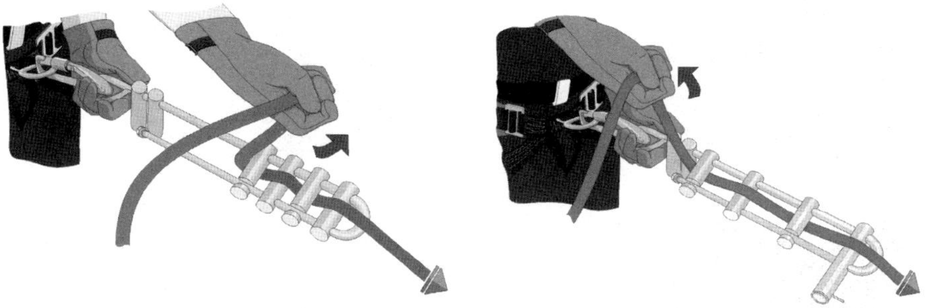

(a)　(b)

图 6-8　排型缓降器下降范例

在调整速度时，导向手握紧排型缓降器 U 形框架较长端底部圆孔，增加或减少横杠数量。调整完毕后，导向手可位于排型缓降器的上方，抓握下降绳，控制方向。也可以位于排型缓降器下方，协助制动手的操作。

三、锁定下降控制装置

在下降过程中，救援人员或许需要中止下降过程，暂时性地休息、进行伤员的固定或其他一些操作。这时，必须锁定 8 字环、排型缓降器等下降控制装置。锁定下降控制装置可以使救援人员实现空中悬停，解放救援人员的双手，从事其他工作。再次准备好下降时，救援人员可以解开下降控制装置的锁定，继续进行下降操作。

（一）锁定 8 字环

1. 第一种锁定方法

（1）导向手握住 8 字环下方小环与安全钩连接处，制动手握紧下降绳，在下放下降绳的同时，跟随下降绳从臀部下方上移（图 6-9a）。

（2）到达预期锁定位置后，将下降绳向上方提拉，由右侧向左侧压住 8 字环上方、朝向锚点方向的下降绳，从 8 字环左侧环耳下穿过（图 6-9b）。

（3）将下降绳从 8 字环左侧环耳绕至右侧环耳后，制作绳耳（图 6-9c）。

（4）将绳耳自8字环上方大环后方插入，调整绳耳长度（图6-9d）。

（5）将从8字环上方大环中插入的绳耳向两侧拉伸，缠绕两侧环耳（图6-9e）。

（6）拉紧下降绳，完成锁定（图6-9f）。

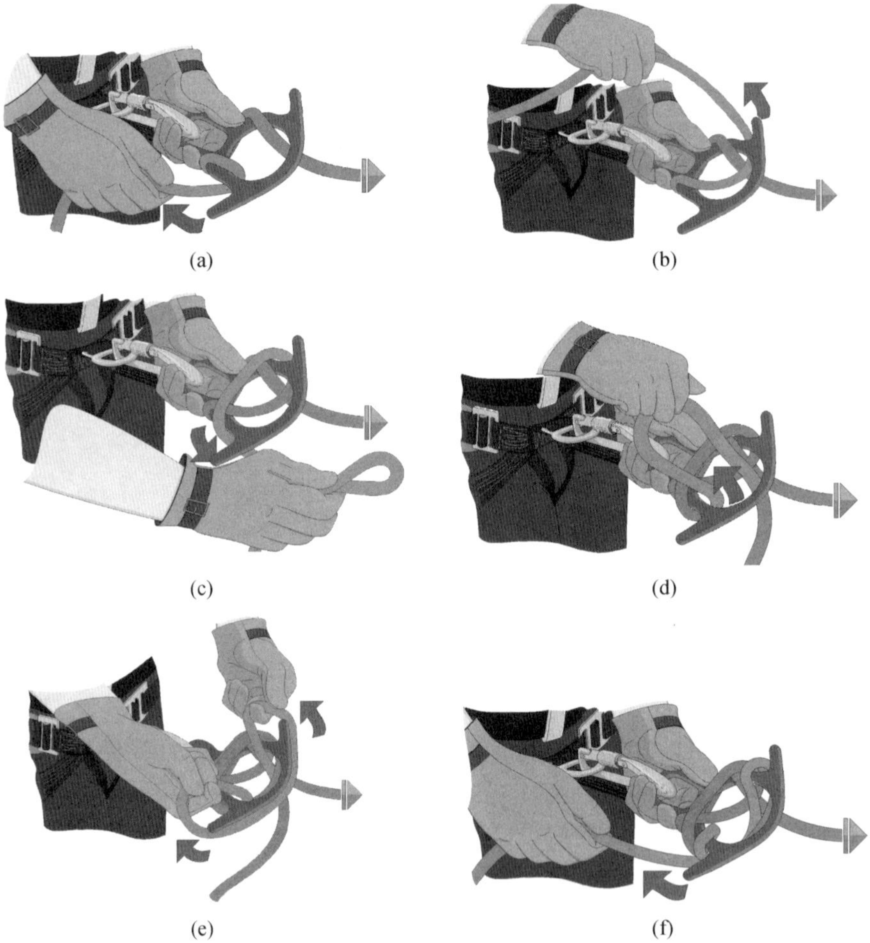

(a) (b) (c) (d) (e) (f)

图6-9 8字环锁定（方法一）

2. 第二种锁定方法

（1）导向手握住8字环下方小环与安全钩连接处，制动手握紧下降绳，在下放下降绳的同时，跟随下降绳从臀部下方上移（图6-9a）。

（2）到达预期锁定位置后，将下降绳向上方提拉，由右侧向左侧压住8字环上方、朝向锚点方向的下降绳，从8字环左侧环耳下穿过（图6-9b）。

（3）将下降绳环绕 8 字环大环一周后，再次从 8 字环左侧环耳下穿过（图 6-10a）。

（4）下降绳自 8 字环左侧绕至右侧，制作长约 40 ~ 50cm 的绳耳（图 6-10b）。

（5）绳圈绕过下降绳上端，打半结（Half Knot），向下拉紧绳耳（图 6-10c）。

（6）绳耳绕过 8 字环上端的下降绳，打第二个半结（图 6-10d）。

（7）向上提拉绳耳，拉紧，完成锁定（图 6-10e）。

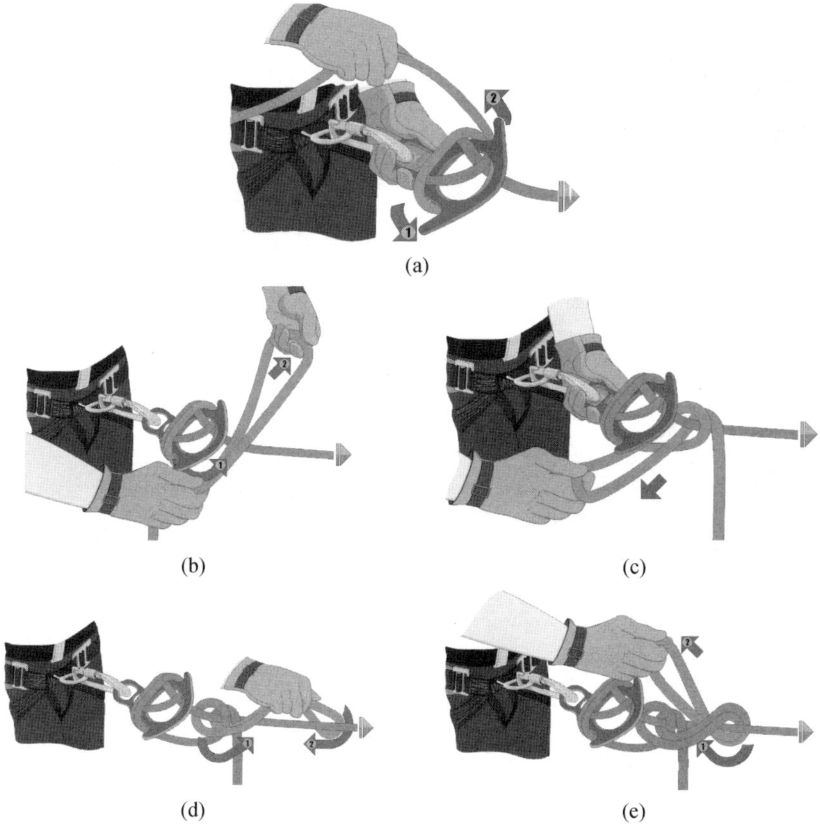

(a) (b) (c) (d) (e)

图 6-10　8 字环锁定（方法二）

3. 第三种锁定方法

（1）导向手握住 8 字环下方小环与安全钩连接处，制动手握紧下降绳，在下放下降绳的同时，跟随下降绳从臀部下方上移（图 6-9a）。

（2）到达预期锁定位置后，将下降绳向上方提拉，由右侧向左侧压住 8 字环上方、朝向锚点方向的下降绳，从 8 字环左侧环耳下穿过（图 6-9b）。

（3）将下降绳环绕 8 字环大环一周后，再次从 8 字环左侧环耳下穿过

(图 6-10a)。

(4) 将下降绳拉向安全钩处，在安全钩左侧制作长约 20 ~ 25cm 的绳耳(图 6-11a)。

(5) 将绳耳旋转 180°(图 6-11b)。

(6) 向上提拉绳耳，两侧分别绕过 8 字环左右环耳（图 6-11c)。

(7) 拉紧下降绳，完成锁定（图 6-11d)。

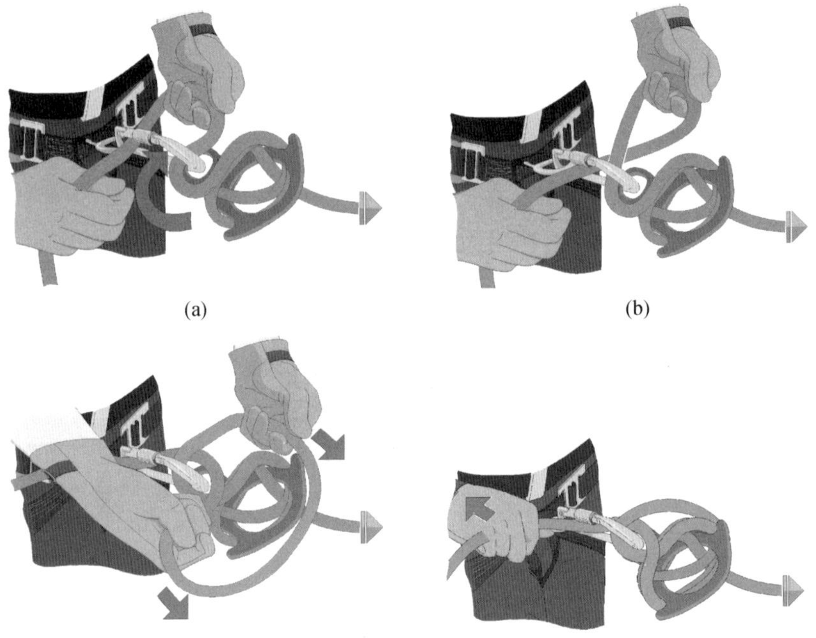

(a) (b) (c) (d)

图 6-11 8 字环锁定（方法三）

(二) 锁定排型缓降器

1. 第一种锁定方法

(1) 导向手握住排型缓降器底部与安全钩连接处，制动手向上提拉下降绳，将所有横杠向一起集中，使整个排型缓降器产生的摩擦力达到最大（图 6-12a)。

(2) 将下降绳向上绕过排型缓降器的第 1 根横杠外侧，向下拉紧（图 6-12b)。

(3) 在下降绳上制作绳耳，将绳耳旋转 180°后，绕过排型缓降器 U 形边框短边，向上拉紧（图 6-12c)。

(4) 下降绳由下向上绕向第 1 根横杠外侧，从第（3）步形成的绳耳与排型缓降器 U 形边框之间通过（图 6-12d)。

(5) 下降绳自下向上下压第 1 根横杠外侧（图 6-12e)。

（6）制作绳耳，将绳耳旋转 180°后，穿过排型缓降器 U 形边框的短边（图 6-12f）。

（7）拉紧下降绳，完成锁定（图 6-12g）。

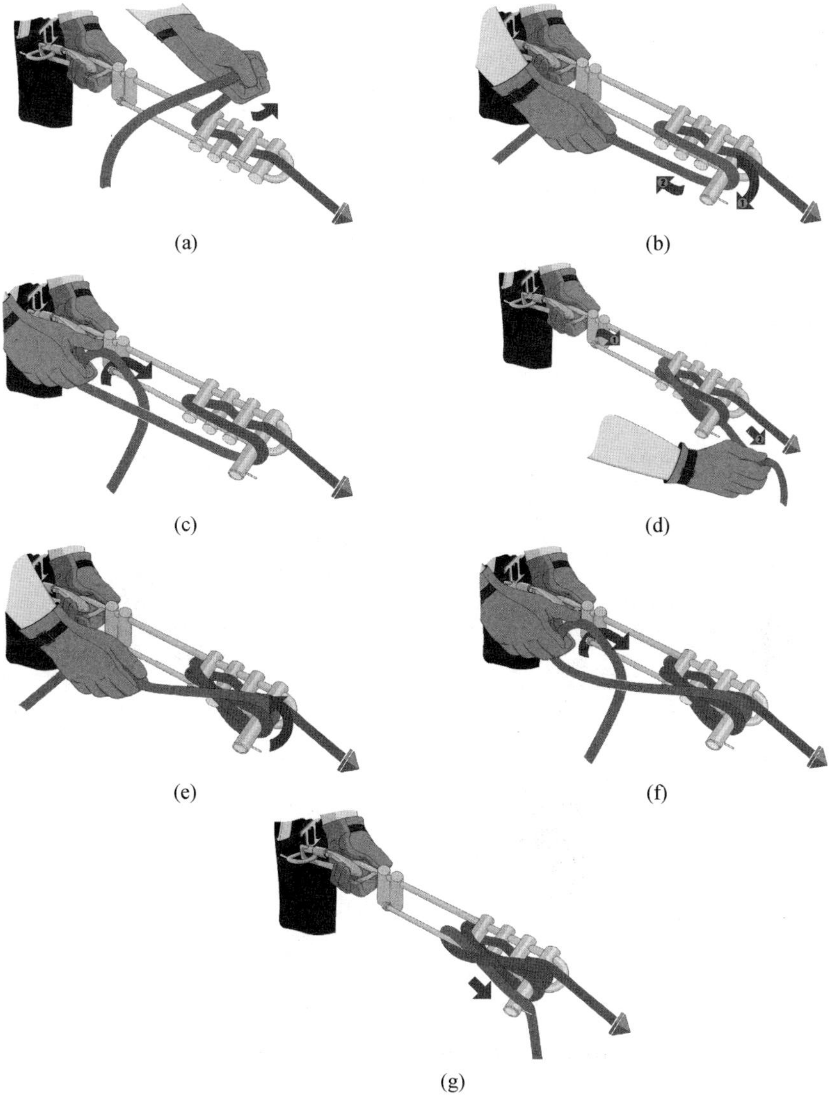

图 6-12　排型缓降器锁定（方法一）

2. 第二种锁定方法

（1）导向手握紧排型缓降器与安全钩连接处，制动手向上提拉下降绳，将所有横杠尽量向一起集中，使整个排型缓降器产生的摩擦力达到最大（图 6-12a）。

（2）将下降绳向上提拉，下压排型缓降器上部的下降绳后向下拉紧（图 6-13a）。

（3）下降绳绕至排型缓降器最下端的横杠处，从 U 形开口中部穿过，向上缠绕，再次下压上部下降绳（图 6-13b）。

（4）再次从 U 形开口处绕过，制作约 40cm 的绳耳（图 6-13c）。

（5）绳耳横向绕排型缓降器中部一圈后，打反手结（Overhand Knot）（图 6-13d）。

（6）拉紧反手结，完成锁定（如图 6-13e）。

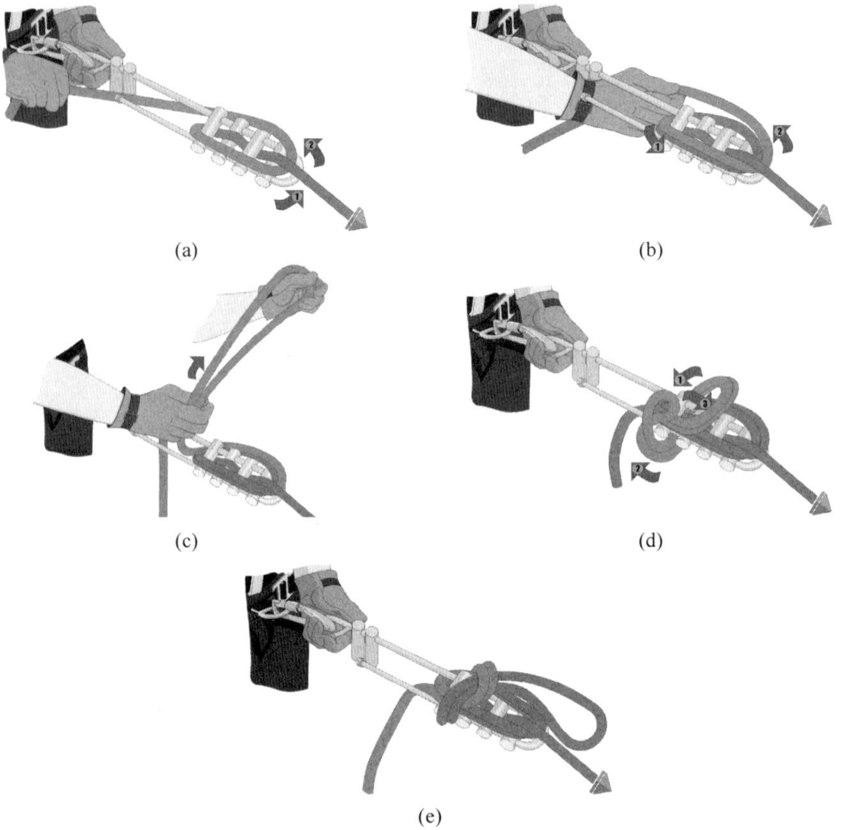

图 6-13　排型缓降器锁定（方法二）

第二节　上　　升

上升是一件非常费力的工作，在绳索救援中很少使用。通常情况下，救援团队应使用提升系统将救援人员吊升到顶端。当确有必要时，必须在极为严格的条件下进行，否则将造成灾难性的后果。某些案例中，救援人员在下降后需要攀登返回顶端，或者因为衣物或装备被钩挂、缠绕而不得不进行自救时，需要执行上升操作。

一、装备

无论是要返回最初的下降点，还是要进行自救，上升成功的要诀在于：下降前即装备上升的器材。低角度救援时，执行上升操作的基本器材包括：1 个长普鲁士绳环和 1 个安全钩。高角度救援时，往往需要使用专用的上升器（Ascenders），具体内容见第二章。

二、操作

上升操作一般需要在下降操作后进行。因此，将下降操作转上升操作时，进行上升器材装配前必须先锁定下降器。

（1）将长普鲁士绳环一端缠绕于下降器上方的主绳上，制作 3 圈普鲁士绳结，在安全吊带腰部前方的 D 形环内加挂 1 只安全钩（图 6-14a）。

（2）将长普鲁士绳环另一端通过加挂的安全钩连接于安全吊带（图 6-14b）。

（3）一只手抓握主绳，另一只手抓握普鲁士结，将普鲁士结沿主绳向锚点方向滑动（图 6-14c）。跟随主绳调整身体重心，小心抬步上行，注意保持身体与工作面垂直。然后，解除下降控制装置的锁定状态，从主绳上拆除下降控制装置。继续向上滑动普鲁士结，沿绳上行，直至预期救援区域。

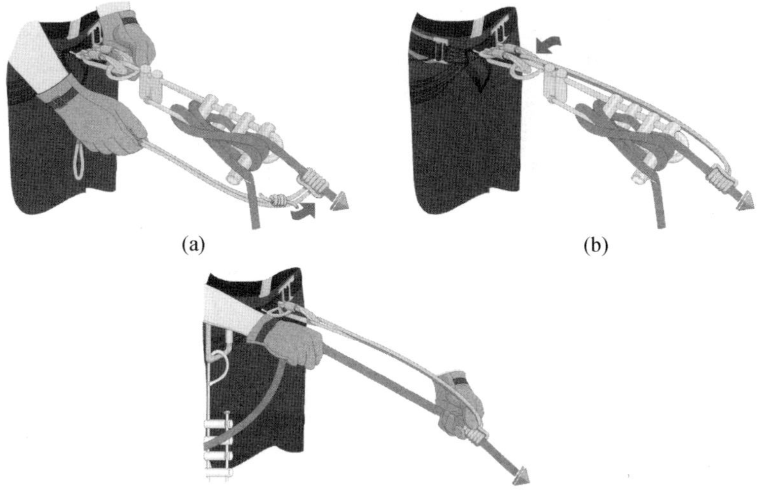

(a)　(b)

(c)

图 6-14　上升操作范例

第七章　下放与提升

低角度救援在进行伤员解救时需要使用到提升和下放系统，在装配提升或下放系统时，需要使用普鲁士结、滑轮、荷载释放带等器材。这些器材可以进行预装并放在相对独立的绳包中，也可以到达现场后再行装配。

第一节　下放系统与提升系统

一、下放系统

下放系统中需要下降控制器（8 字环、排型缓降器等）、普鲁士绳环、锚分配器和滑轮（图 7-1）。

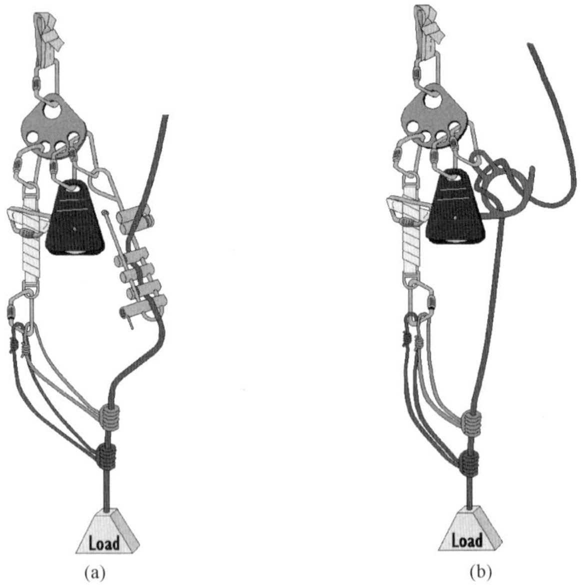

(a)　　(b)

图 7-1　下放系统

（a）使用排型缓降器下放；（b）使用 8 字环下放

在下放操作过程中，应由不同的救援人员分别操作下降控制装置（8 字环、排型缓降器等）和普鲁士结。

二、省力系统

很多情况下，在提升救援人员和伤员的过程中，需要将主系统改造为省力系统（Mechanical Advantage System，MAS）或拖拽系统（Straight Pull System，SPS）。省力系统可以直接在主绳上装配，这可能需要更多的滑轮、安全钩和普鲁士绳环。

在组建省力系统时，救援团队需要根据自身人员与装备配备情况，确定考虑省力系统的类型、是否需要方向的改变、是否需要建立搭载系统、锚点（包括消防车等）的位置、提拉操作所需要的人员等因素。

（一）3∶1 省力系统

提升系统可以直接在主绳上装配，也可以在另外一根绳索上装配成搭载系统。其基本操作可通过以下三步完成：

（1）使下放系统中主绳处于松弛状态，系统负荷由确保系统锚点绳索承担。拆解下降控制装置（8 字环、排型缓降器等）（图 7-2）。

（2）在主绳上使用普鲁士绳环制作普鲁士结。虽然实验证明，一个普鲁士结的强度足以承担系统负荷，但某些救援部门为保险起见，通常要求采用两根辅助绳制作两个普鲁士绳环，一根稍长，一根稍短。

（3）使主绳通过锚分配器下的定滑轮后（图 7-3），通过省力滑轮。在第二步制作的普鲁士结下方（靠近负荷端）使用短普鲁士绳环制作普鲁士结，通过安全钩连接省力滑轮和普鲁士结，形成 3∶1 省力系统（图 7-4）。

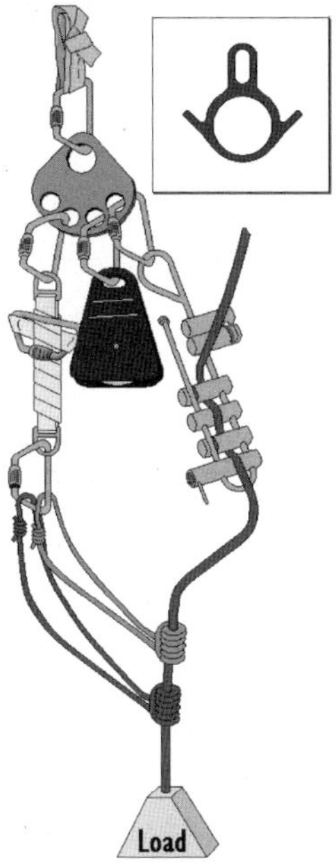

图 7-2　拆解下降控制装置

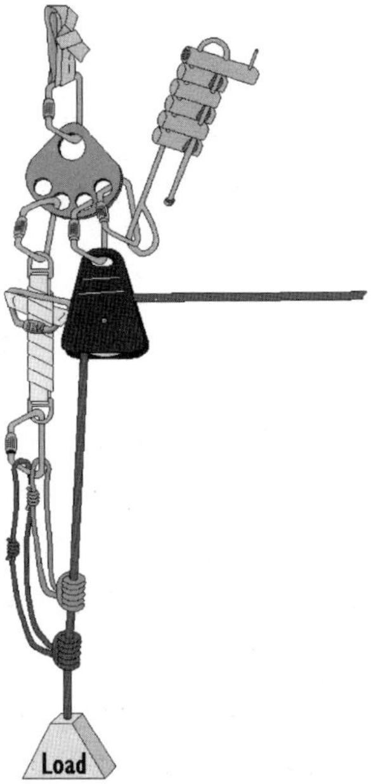

图 7-3　安装省力滑轮

（二）5：1 省力系统

5：1 省力系统可以在 3：1 省力系统的基础上形成。在通过与锚分配器上定滑轮连接的主绳上制作普鲁士结（短）。在主绳通过第一个省力滑轮后，继续通过第二个省力滑轮。将第二个省力滑轮通过安全钩，连接普鲁士结（短）（图 7-5）。

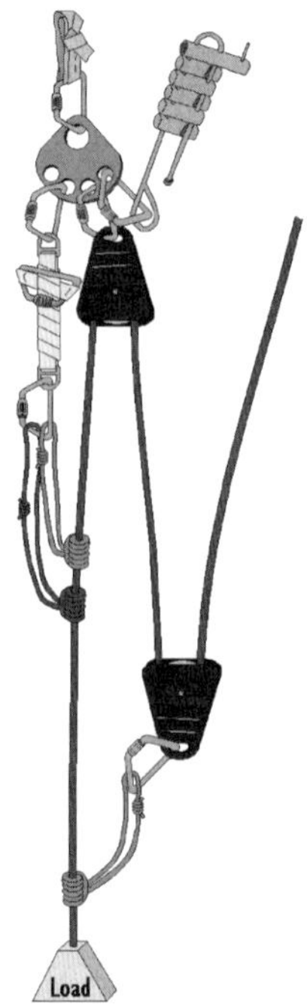

图 7-4　3：1 省力系统

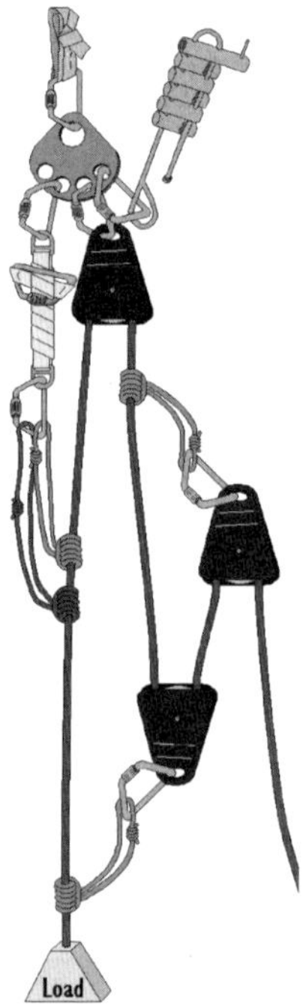

图 7-5　5：1 省力系统

第二节　省力系统

绳索救援过程中通常是先装配下放系统，通过下放操作将救援人员送到受困人员处，对伤员进行必要的现场急救后安置于担架中。一旦下降的操作完成，需要将救援人员和受困人员拖拽至安全区域时，往往要使用省力系统或拖拽系统。这时，就需要将下降系统转变为上升系统。

某些情况下，需要使用另外一根绳索来制作搭载（省力）系统（“Piggy-back” or “Pig rig” Mechanical Advantage System），实现与主绳的连接，达到转向和省力的目的。无论制作哪种省力系统，将下放系统转换为上升系统的最初步骤都是相同的。

一、在主绳上制作3：1（5：1）省力系统

如果消防车或其他锚点与救援边界的距离足够远，则可以在救援主绳上直接制作3：1或5：1省力系统，范例如图7-6所示。这样的距离可以使救援团队有较为宽阔的场地协作进行提升操作，并通过调整普鲁士结进行系统重置。因此，在进行系统装配前，应充分考虑救援绳索长度，包括锚点至边界的距离、边界至受困人员的距离以及制作省力系统所需要的绳索的长度。

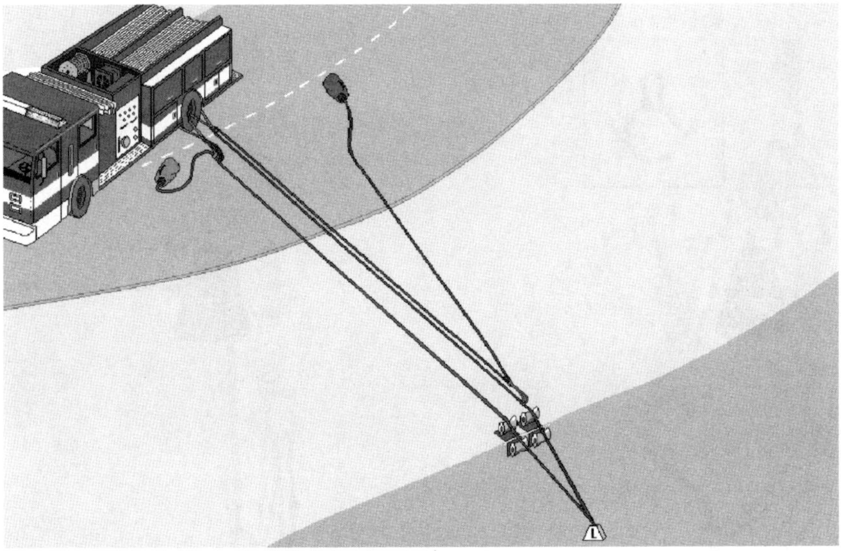

图7-6　3：1省力系统范例

二、使用转向滑轮制作3：1（5：1）省力系统

制作省力系统通常需要较为开阔的工作区域，但在绳索救援的实际过程中，现场往往较为局促，没有足够开阔的场地。因此，需要在主绳系统中使用转向滑轮（连接于锚分配器上的滑轮）改变主绳的方向至第二锚点（通常为第二辆消防车或地面尖桩结构）。第二锚点与第一锚点之间应保持一定距离，以便于减少提升（或拖拽）操作时系统重置的次数。

选择第二锚点（消防车或其他锚点）的位置时，应全面考虑救援环境、省力系统的类型和所使用绳索的长度与数量等因素。包括：

（1）开展救援所需的最小工作区域，是否能够制作主绳系统、确保绳系

统以及省力系统并能够执行相关操作。

（2）主绳的长度及可供选择的自然锚点。

（3）救援环境的特点，是否有足够的强度放置消防车。

当锚点与救援边界之间的距离较短、建立省力系统实施提升操作的空间不足时，可以通过转向滑轮建立3：1或5：1省力系统。其基本操作程序如下：

（1）制作普鲁士结（如下放系统中已装配则无需重复制作），并使其处于锁定状态，拆解下降控制装置（8字环、排型缓降器等）（图7-7）。

（2）将主绳通过锚分配器上连接的滑轮后，引至第二锚点（转向锚点）（图7-8）。

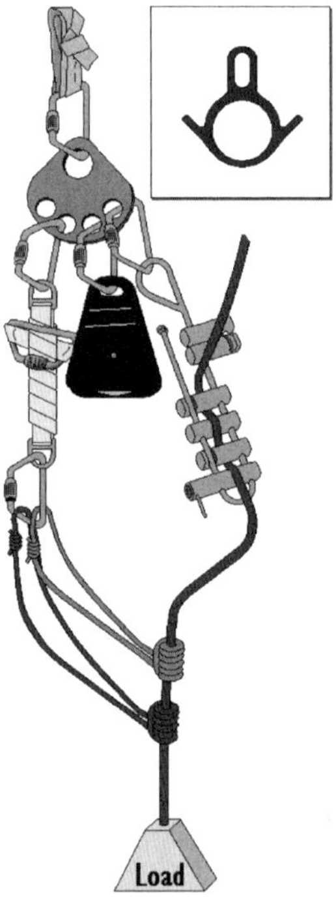

图7-7　拆解下降控制装置

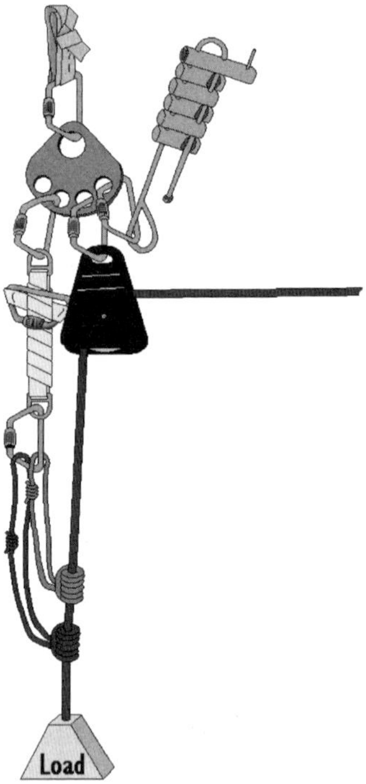

图7-8　主绳引向第二锚点

（3）使用绳索或扁带装配第二锚点（图7-9）。第二锚点可以是自然锚点、停靠附近的消防车或地面尖桩结构，与第一锚点（主绳系统所占用锚点）成一定角度。通常情况下，在3：1系统中，该距离约为剩余主绳长度的1/2；在5：1系统中，该距离约为剩余主绳长度的1/3。

（4）将主绳通过转向滑轮，转向滑轮通过安全钩连接装配第二锚点的绳索或扁带，将主绳引至第一锚点（图7-9）。

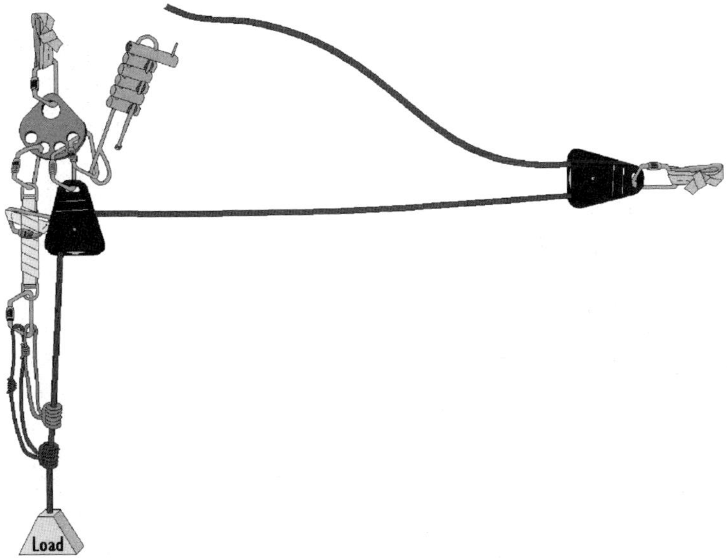

图 7-9　主绳通过第二锚点

（5）在靠近第一锚点所连接的锚分配器处制作普鲁士结（短），主绳通过省力滑轮后，将省力滑轮通过安全钩连接至普鲁士结（短），完成 3∶1 转向省力系统（图 7-10）。完整的 3∶1 转向省力系统（含主系统与确保系统）装配范例如图 7-11 所示。

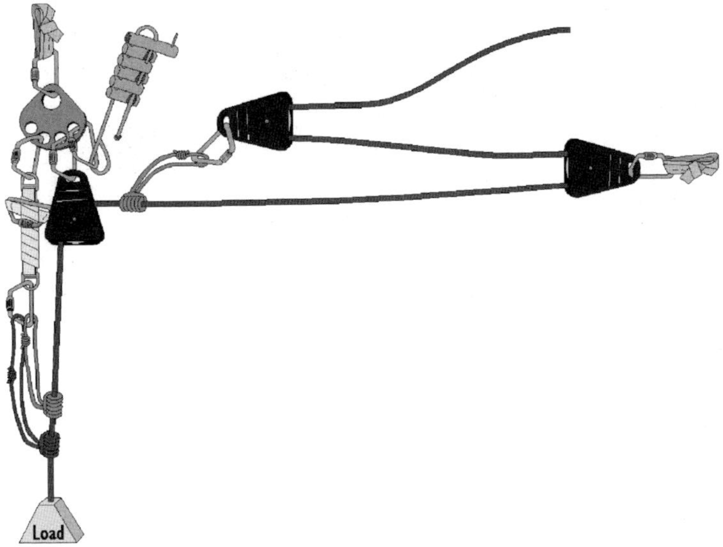

图 7-10　3∶1 转向省力系统

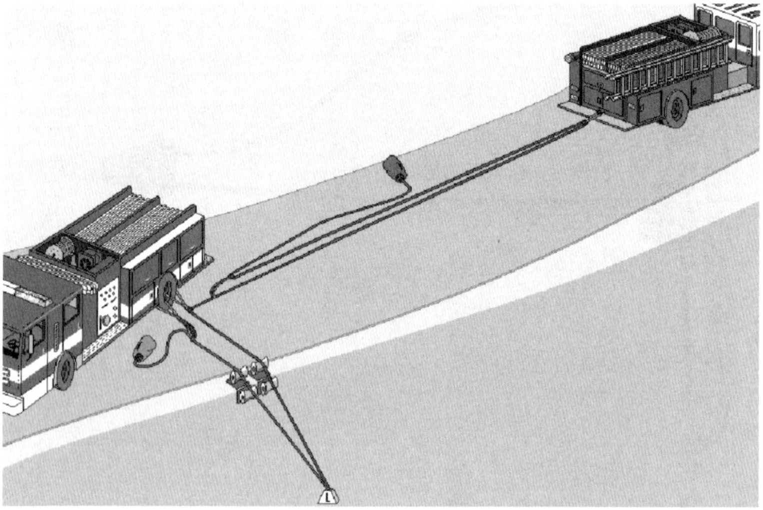

图 7-11　3：1 转向省力系统（含主系统与确保系统）装配范例

（6）如有必要，可在此基础上，再制作 5：1 转向省力系统（图 7-12）。在接近第二锚点处制作普鲁士结（短），主绳通过第二个省力滑轮，使用安全钩连接普鲁士结（短）和第二个省力滑轮。完整的 5：1 转向省力系统（含主系统与确保系统）装配范例如图 7-13 所示。

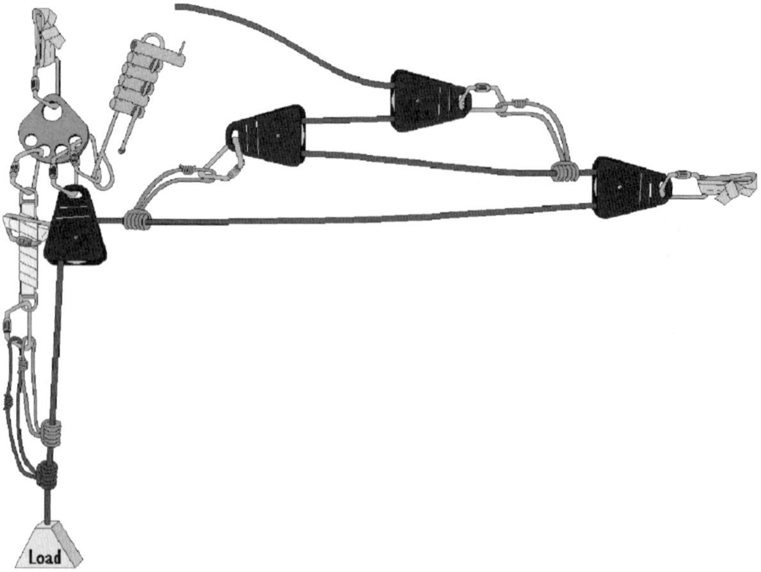

图 7-12　5：1 转向省力系统

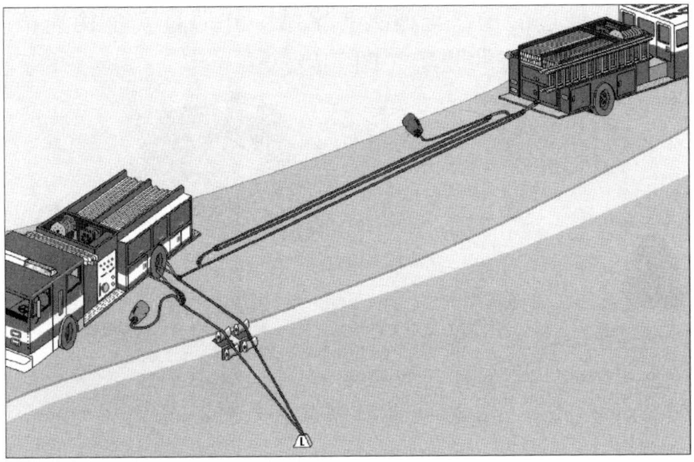

图 7-13　5：1 转向省力系统（含主系统与确保系统）装配范例

第三节　搭载系统

在长距离下放的过程中，大多数主绳可以进行最初的下放操作。但是，在转而进行的提升操作中，某些情况下在主绳上无法直接制作省力系统。这时，需要制作搭载系统（Piggyback System 或 Pig Rig System），以进行提升操作。

搭载系统需要一根新的绳索，在这根新的绳索上制作省力系统，可以进行提升操作，因此这根绳索也被称为搭载绳（Pig Line）、拖拉绳（Haul Line）或省力绳（Mechanical Advantage Line）。有了搭载系统，在下放过程中，救援人员可以将主绳和确保绳全部投入使用。然后根据救援现场的实际情况，选择锚点，制作搭载省力系统。

有些消防队会将预先制作的搭载系统安置在第三个绳包（第一个绳包为主绳系统包，第二个绳包为确保绳系统包），以便在救援现场能够快速连接主绳，减少装配搭载系统而导致的时间停滞。

一、3：1 搭载系统

3：1 搭载系统一般需要 1 根救援主绳（置于绳包内）、2 个滑轮、2 个安全钩、1 条锚点固定带（绳）、1 个普鲁士结（短）（图 7-14）。其基本装配程序如下：

（1）从绳包中抽出绳索，制作绳头 8 字结，留出 10cm 的绳头。

（2）将绳索平放置于地面，形成 2 个绳耳（绳耳 A 和绳耳 B）（图 7-14）。

（3）将绳耳 B 通过滑轮，通过安全钩连接至锚点固定带。

（4）将绳耳 A 通过滑轮，与绳头 8 字结一并通过安全钩连接至普鲁士结（短），完成 3：1 搭载系统的装配（图 7-15）。

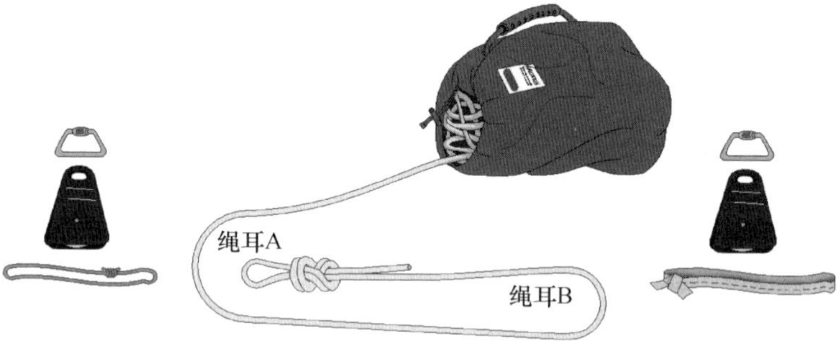

图 7-14　3：1 搭载系统组件

图 7-15　装配完成的 3：1 搭载系统

二、5：1 搭载系统

在 3：1 搭载系统的基础上制作 5：1 搭载系统，需要再增加 1 个滑轮、1 个安全钩和 1 个普鲁士结（短）（图 7-16）。其基本装配程序如下：

（1）在 3：1 搭载系统上，制作第三个绳耳（绳耳 C）。

（2）将绳耳 C 通过滑轮。

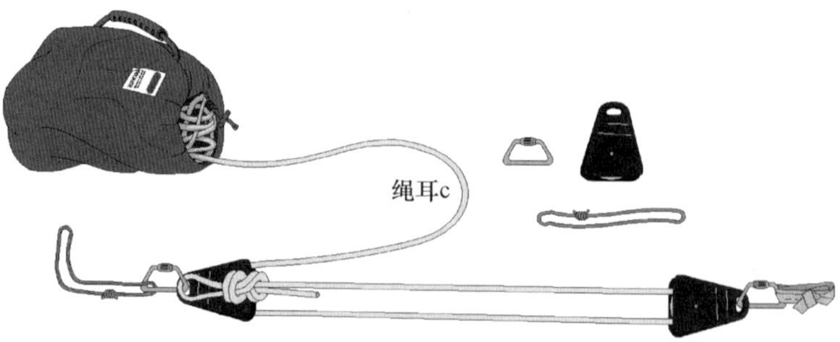

图 7-16　5：1 搭载系统组件

（3）在绳耳 B 前端制作普鲁士结（短）。

（4）将短普鲁士结与第三个绳耳通过安全钩进行连接，完成 5∶1 搭载系统的装配（图 7-17）。

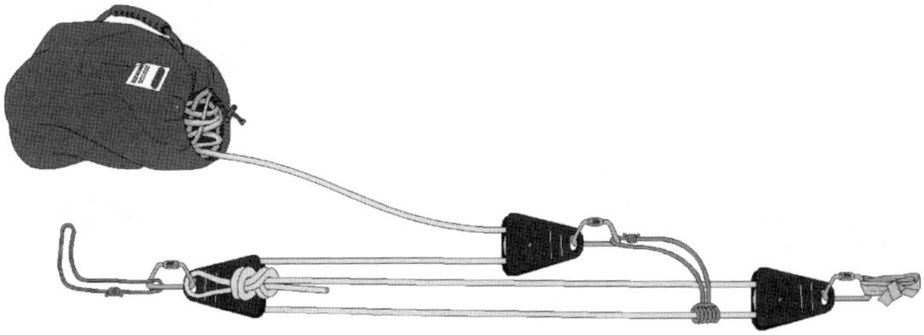

图 7-17　装配完成的 5∶1 搭载系统

三、通过 3∶1 搭载系统实现“下降→上升”的系统转换

当下放距离较大、救援主绳长度不足时，可以通过 3∶1 搭载系统实现“下降→上升”的系统转换。其基本操作程序如下：

（1）使普鲁士结承担系统负荷，然后拆解下降控制器（8 字环、排型缓降器等）（图 7-18）。

（2）主绳通过连接锚分配器的滑轮，制作绳头 8 字结后，向第二锚点（第二辆消防车或地面尖桩结构）方向牵引（图 7-19），长度至少 30cm。

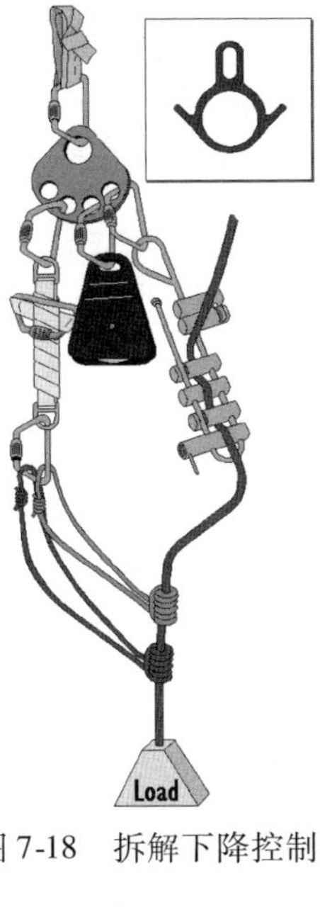

图 7-18　拆解下降控制器

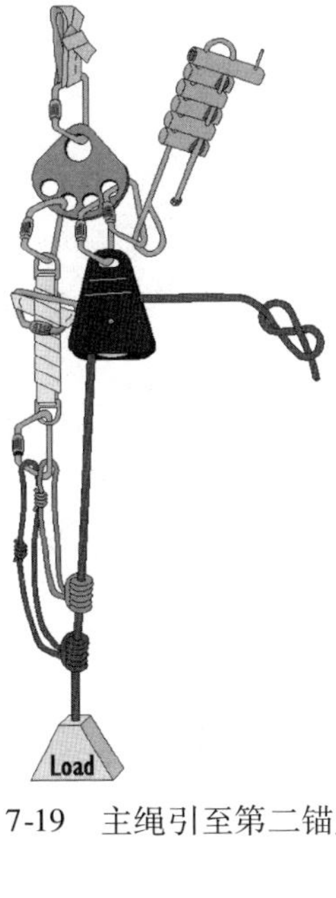

图 7-19　主绳引至第二锚点

（3）在第一锚点处制作 3：1 搭载系统，或取出预先制作完成的 3：1 搭载系统（图 7-20）。

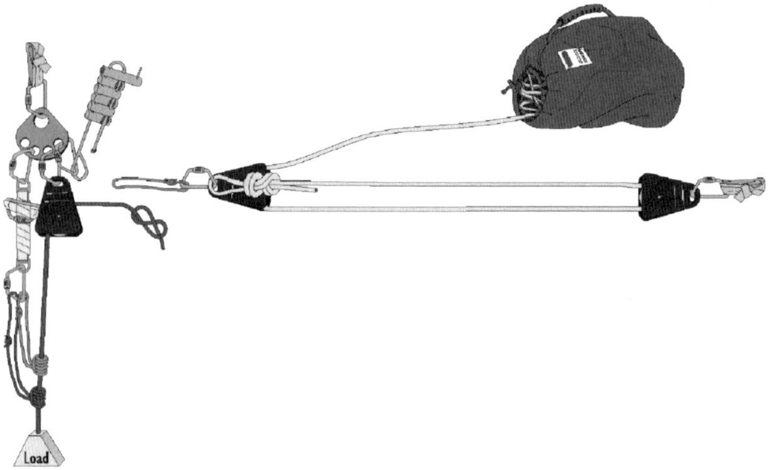

图 7-20　制作 3：1 搭载系统

（4）释放搭载绳，将 3：1 搭载系统的锚点固定带牵引至第二锚点（图 7-21）。

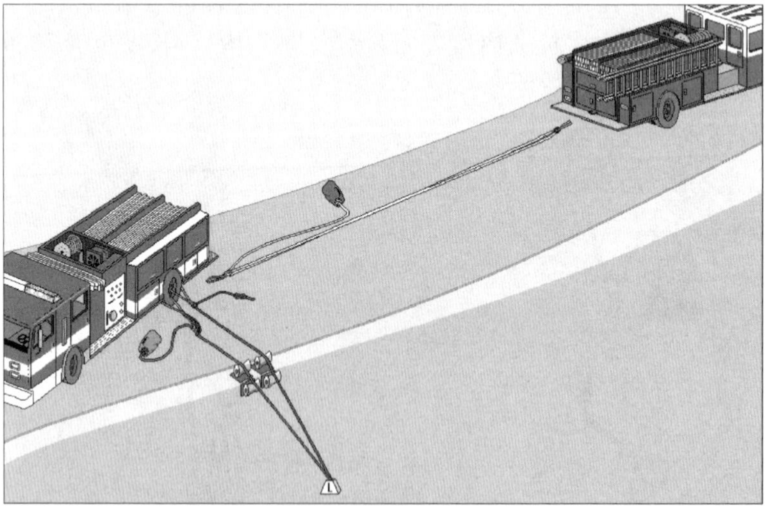

图 7-21　牵引 3：1 搭载系统到第二锚点

（5）将锚点固定带连接至第二锚点（图 7-22）。第二锚点通常为消防车的某处固定点或是就地制作的地面尖桩结构。

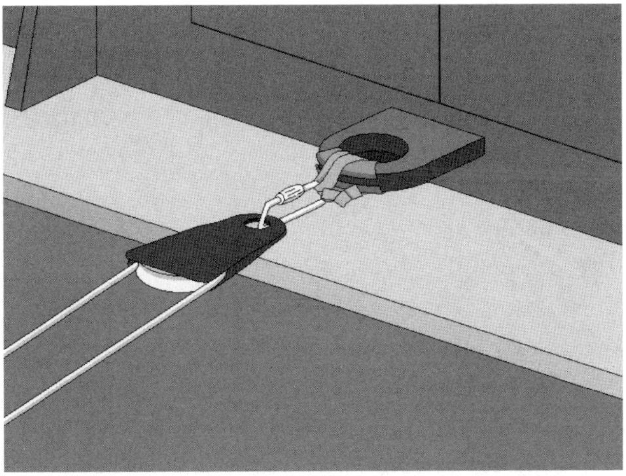

图 7-22　将 3：1 搭载系统连接至第二锚点

（6）将 3：1 搭载系统通过普鲁士结（短）连接至主绳（图 7-23）。完整的 3：1 搭载系统制作范例如图 7-24 所示。

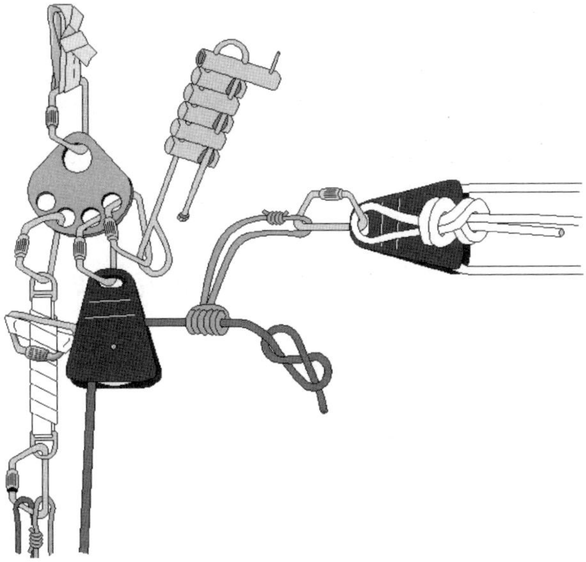

图 7-23　将 3：1 搭载系统连接至主绳

四、通过 5：1 搭载系统实现“下降→上升”的系统转换

通过 5：1 搭载系统实现“下降→上升”的系统转换与通过 3：1 搭载系

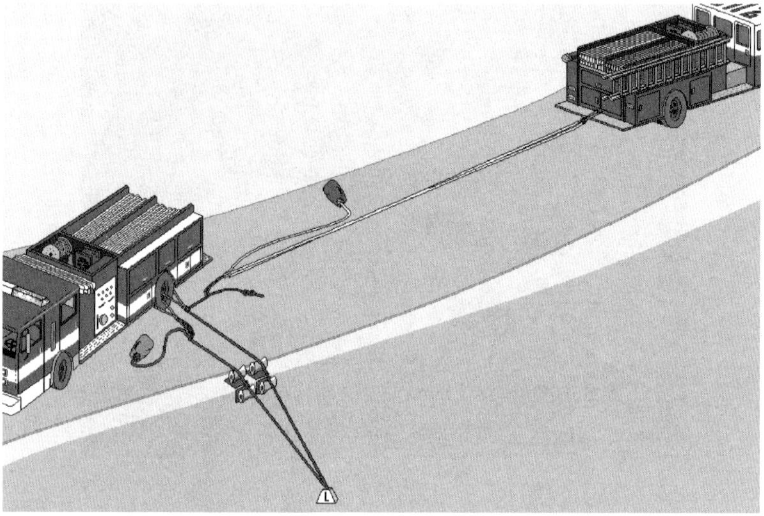

图 7-24　完整的 3∶1 搭载系统制作范例

统实现“下降→上升”的系统转换基本相同。其操作程序如下：

（1）使普鲁士结承担系统负荷，然后拆解下降控制器（8 字环、排型缓降器等）（图 7-18）。

（2）主绳通过连接锚分配器的滑轮，制作绳头 8 字结后，向第二锚点（第二辆消防车或地面尖桩结构）方向牵引（图 7-19），长度至少 30cm。

（3）在第一锚点处制作 5∶1 搭载系统，或取出预先制作完成的 5∶1 搭载系统（图 7-25）。

（4）释放搭载绳，将 5∶1 搭载系统的锚点固定带牵引至第二锚点（图 7-26）。

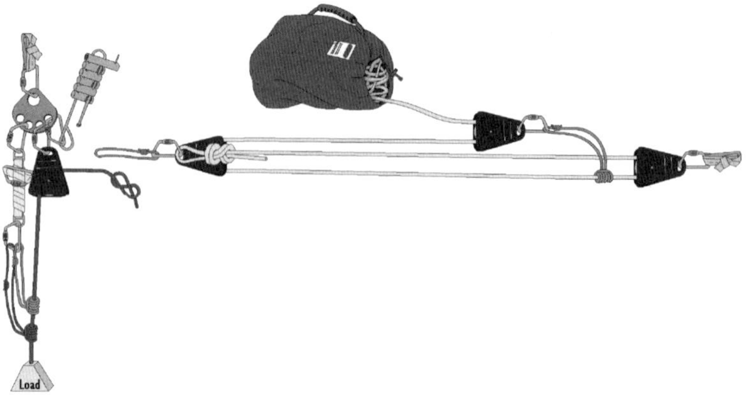

图 7-25　制作 5∶1 搭载系统

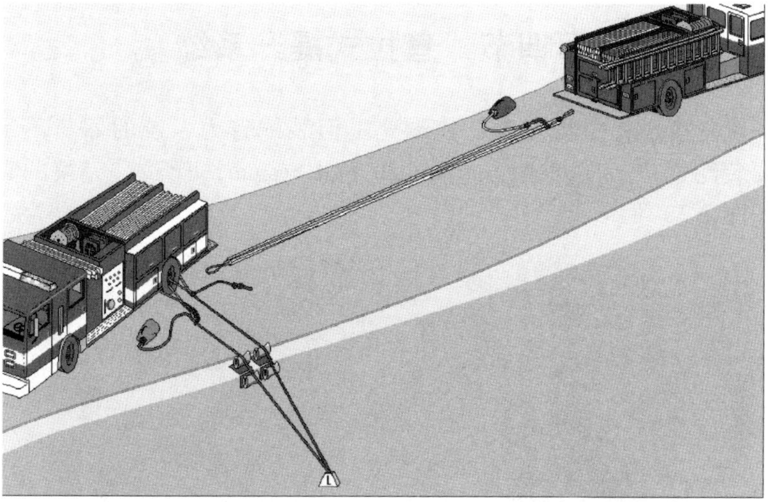

图 7-26　牵引 5∶1 搭载系统到第二锚点

（5）将锚点固定带连接至第二锚点（图 7-22）。第二锚点通常为消防车的某处固定点或是就地制作的地面尖桩结构。

（6）将 5∶1 搭载系统通过普鲁士结（短）连接至主绳（图 7-23）。完整的 5∶1 搭载系统制作范例如图 7-27 所示。

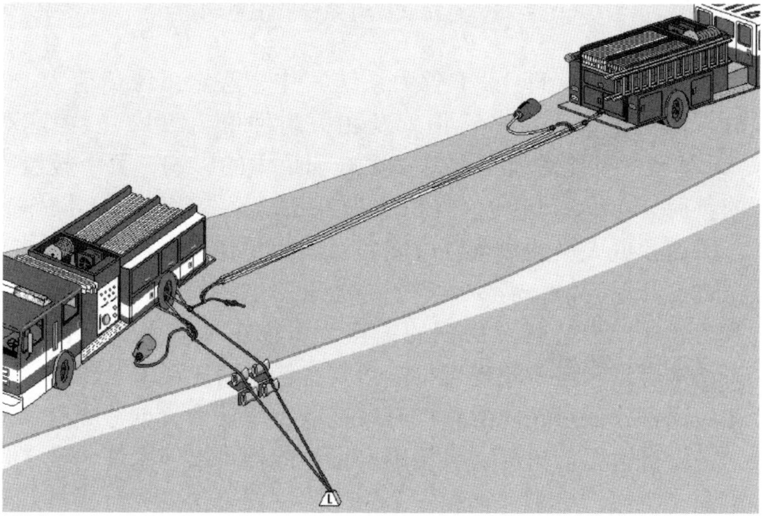

图 7-27　5∶1 搭载系统制作范例

第四节 直拉式提升系统

在绳索救援过程中救援人员数量充足但装配省力系统的器材不足的情况下，需要装配直拉式提升系统（Straight Pull System，SPS）。完整的直拉式提升系统如图 7-28 所示。

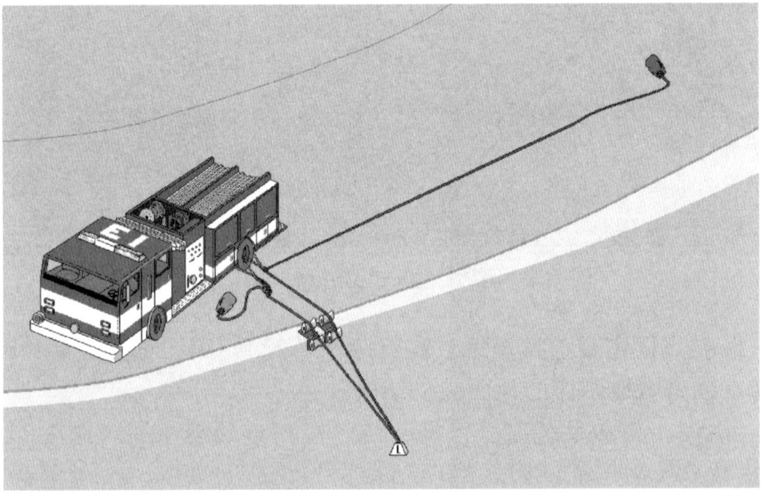

图 7-28 直拉式提升系统装配范例

在直拉式提升系统（即 1：1 省力系统）中，假定系统负荷为 180kg（假设救援人员与伤员重量为 80kg，担架及相关附件重约 20kg）。考虑环境因素（如地形、天气等）可能对救援人员立足点和拉力的影响，每个救援人员假定能够承担的负荷为 45kg。因此，直拉式提升系统至少需要 4 人操作。在低角度救援中，所需救援人员的数量有可能因斜坡的角度减小而减少。

在直拉式提升系统中，需要用到 2 根绳索：主绳和确保绳。确保绳通过制动系统（如普鲁士结）连接至稳固的锚点，防止在主绳突然断裂时用于紧急制动。主绳通常通过转向滑轮或直接连接安全钩，滑轮或安全钩直接连接稳固的锚点。相对而言，通过转向滑轮可有效地减少摩擦力，创造更有利的操作空间。但是，在没有滑轮的情况下，使用安全钩同样可以使系统正常工作。由于钢比铝更牢固、摩擦力更小，钢制安全钩比铝制安全钩更为合适。此外，主绳上不需要更多的器材。

第八章　伤员固定与护送

在绳索救援过程中，救援担架（Rescue Litter）发挥着重要作用。它可以固定和保护伤员，使其在行进过程中免受突出岩石的碰撞。将担架附着至主绳系统和确保绳系统，便于在有一定坡度的环境中进行提升或下放，让救援人员在不同的地形环境中更好地搬运伤员。

第一节　救援担架

绳索救援过程中通常使用篮形担架，或称船形担架。在较为平坦的地面上，篮形担架可以进行伤员的运送。在陡峭或高低不平的地形环境中，可以使用绳索或拉梯进行操作。对于有疑似脊柱损伤的伤员，担架本身不能提供应有的固定，应在使用颈托和脊柱板固定后，再将伤员安置在篮形担架中。

担架应定期进行检查，发现是否有弯曲、裂缝、焊接处开裂等损坏，使用中性肥皂和水清洗，并适时消毒。担架有多种形状和材质，其中最常用的有金属担架、金属/塑料担架、塑料担架三种。某些消防部门也会使用其他一些与救援环境具有较好兼容性的担架，如卷（筒）式担架，用于绳索救援当中。

一、金属担架

金属担架（图 8-1）是应用最为广泛的担架之一。担架的框架为金属质地，材质包括从高强度钢到轻质钛。框架上附着有编织或尼龙丝网，以承托伤员的重量。上半部分整体结构为矩形，下半部分逐渐变窄以适应腿部形状。

金属担架具有极佳的强度和耐用性，担架自身附带较多的绑带及附着点。但是，金属担架自重大，在受限空间等救援环境中显得体积较为庞大，可能会被钩住或缠住。

二、金属/塑料担架

金属/塑料担架（图 8-2）通常为矩形，框架为金属质地，以塑料覆壳包裹在金属框架外，用于承托伤员身体。

金属框架较为牢固、耐用，适于绳索救援环境，在高低不平的地面上可以

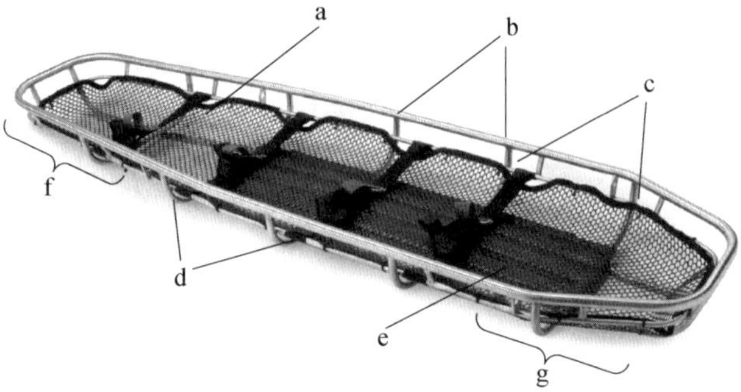

图 8-1　金属担架

a—尼龙底网；b—主框架；c—支撑框；d—边框；e—背板；f—足部位置；g—头部位置

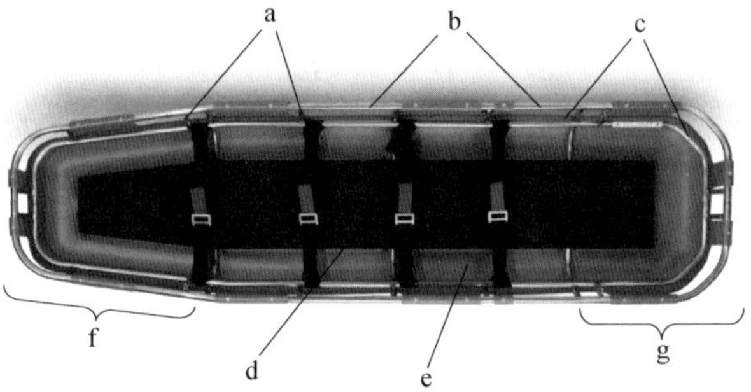

图 8-2　金属/塑料担架

a—支撑框；b—主框架；c—边框；d—背板；e—塑料覆壳；f—足部位置；g—头部位置

较为方便地进行滑动。但是，金属/塑料担架可用的绑带和系缚点有限，塑料覆壳容易发生变形、受损。如果长时间放置于阳光下容易变脆，影响其强度。

三、塑料担架

篮形塑料担架（图 8-3）为硬塑料壳质地，通常为矩形，足部或有些收缩。塑料担架重量轻，常用于冰（雪）上或水上救援。由于结构的稳固性欠佳，塑料担架并非绳索救援的最佳选择。其塑料壳容易发生变形、受损。如果长时间放置于阳光下容易变脆，影响其强度。

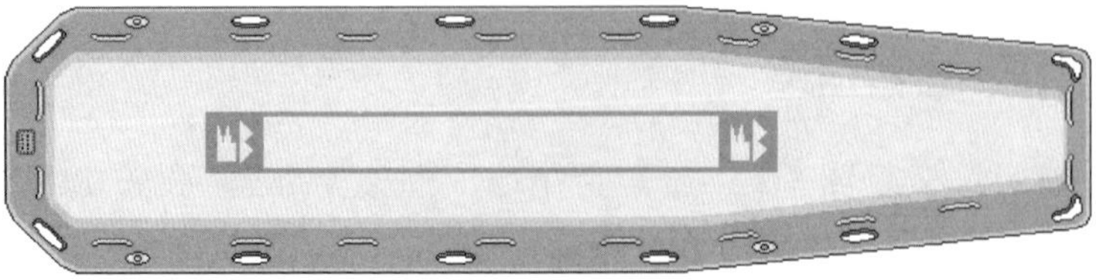

图 8-3　篮形塑料担架

四、卷（筒）式担架

卷（筒）式担架（图8-4），由硬塑料板制成，重量轻、强度高。平时可收卷，将伤员放入其中后，背板会变得坚硬。在承重的情况下，卷（筒）式担架很难被打开，因而意外滑落的情况基本不存在。担架本身配备了不同长度的把手（由定型织带缝制而成）和绑带，以便于救援人员进行担架的水平运送、垂直吊升，或是沿着较光滑的表面进行拖动。

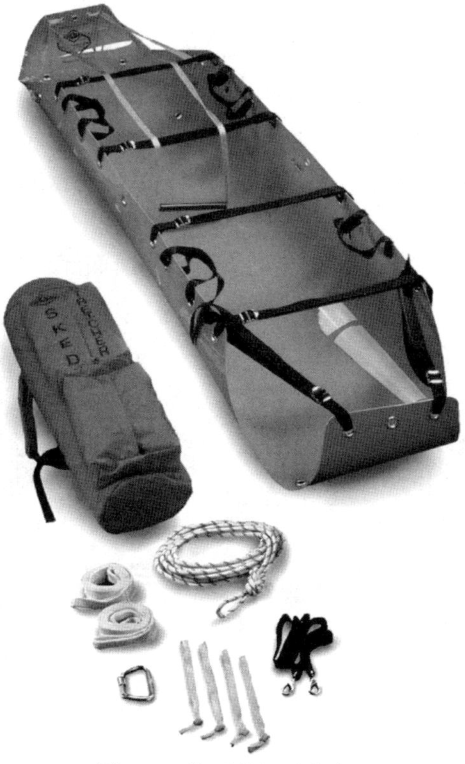

图8-4　卷（筒）式担架

第二节　伤员固定

伤员固定是绳索救援过程中的重要环节，如果伤员固定不够牢固，可能会在提升的过程中使已有的创伤进一步恶化，甚至造成新的创伤。

伤员固定通常分为内部固定和外部固定两个阶段。内部固定主要指使用扁带或定型织带对伤员的胸部和髋部进行固定，主要目的是保持伤员的身体位于担架内，头部或足部不会滑出担架。外部固定主要是使用扁带或其他类型的织带，从担架一端至另一端进行交叉捆绑，防止伤员从两侧滑脱。固定用织带必须系缚于担架的主框架或边框上而非支撑框上，以避免不必要的磨损。用于进行内部固定和外部固定的扁带长度通常为8m，原则上身体越高大的伤员需要长度更长的扁带。

一、内部固定

（一）预置扁带

为提高效率、减少对伤员的移动，扁带应预先置于救援担架内，然后再将伤员搬移至担架内。首先，取两条长8m的扁带。将第一条扁带放置于伤员髋部所在位置，两侧留出的长度大致相等。将第二条扁带中部折出一个直径约45cm的绳环，将绳环放置于伤员头部所在位置（图8-5）。

（二）胸部固定

（1）将位于头部位置的绳环自上向下绕过伤员面部，置于伤员胸前（图8-6）。

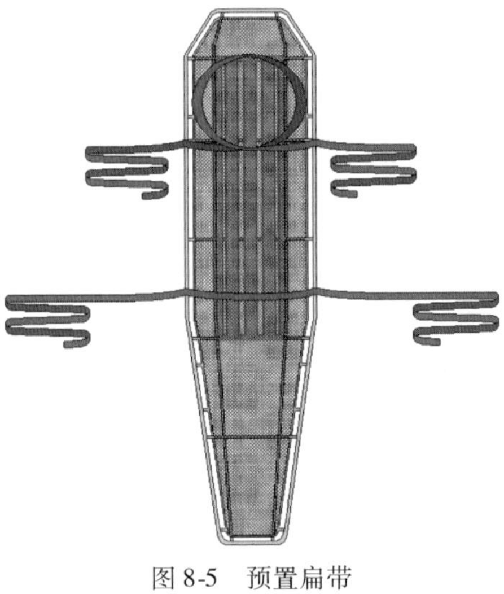

图8-5　预置扁带

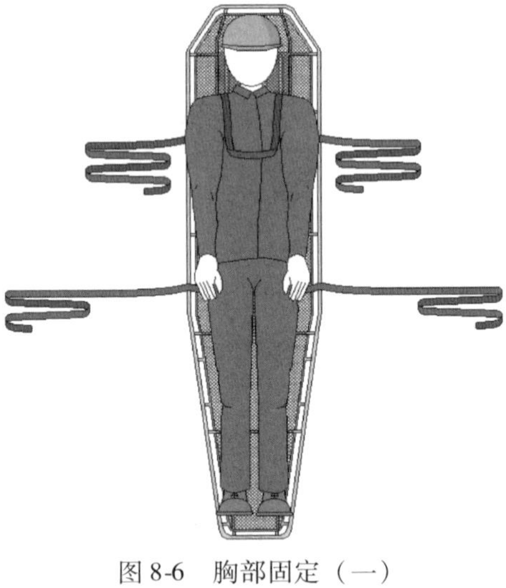

图8-6　胸部固定（一）

（2）扁带的两端自伤员腋下穿过，下压伤员胸前的绳环底部。

（3）将下压绳环底部的扁带向两侧拉紧，调整绳环，确保绳环上部位于伤员肩部而非颈部（图8-7）。

（4）将扁带在绳环底部两侧打单结（Overhand Knot）后，向下拉至伤员髋部，绕过担架主框架，打两个半结（Half Hitches）（图8-8）。打结时保持扁带处于张紧状态。

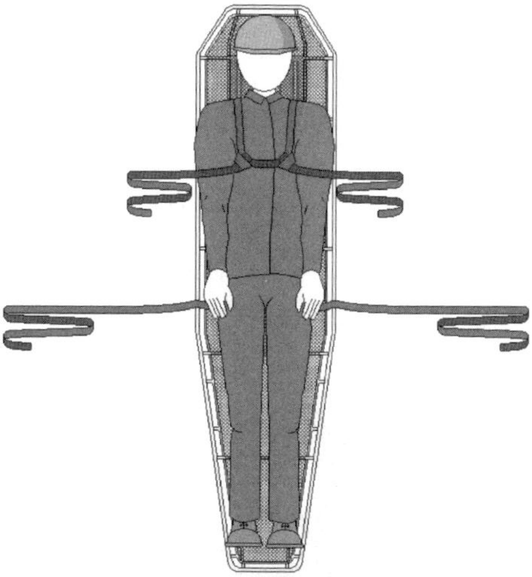

图 8-7　胸部固定（二）

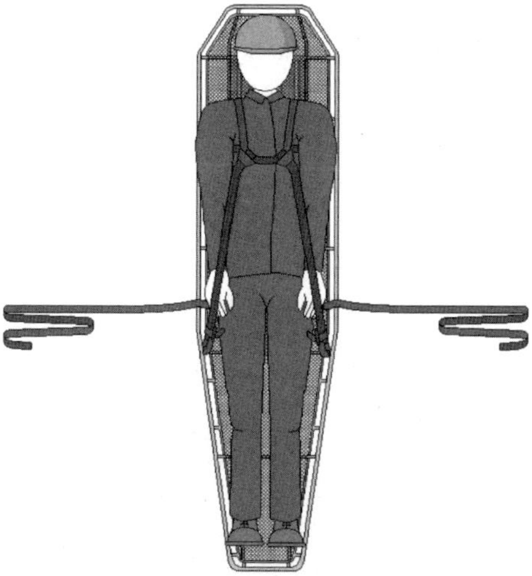

图 8-8　胸部固定（三）

（三）髋部固定

（1）将扁带中部自伤员两大腿之间向上提拉，形成直径约 15cm 的绳环（图 8-9）。

（2）将扁带的两端绕过伤员大腿外侧，穿过绳环，下压绳环顶部两侧，分别向两侧拉紧扁带，在担架主框架上打单结（图 8-10）。

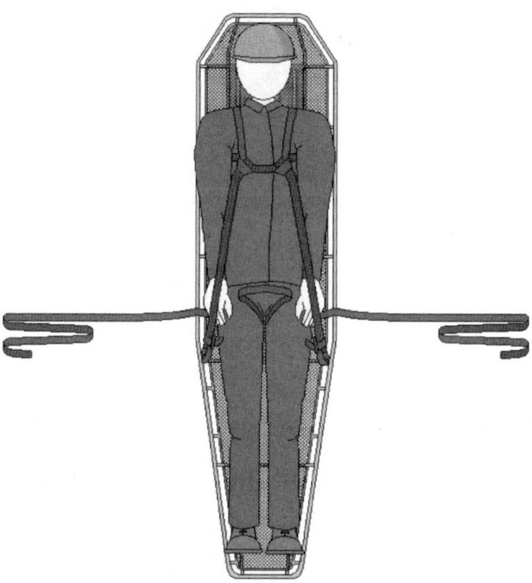

图 8-9　髋部固定（一）

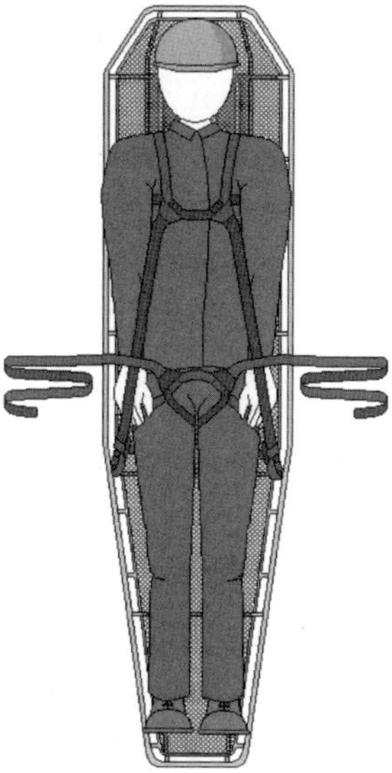

图 8-10　髋部固定（二）

（3）将扁带打结后拉向伤员肩部，绕过肩部所在主框架或边框，打两个半结固定（图 8-11）。打结时保持扁带处于张紧状态。

二、外部固定

将一条长约 8m 的扁带横放在担架上，中部置于伤员膝部以下、足踝以上位置。扁带两端分别绕过担架边框，向对侧拉紧、交叉。然后依次绕过分别位于大腿部、腰部和肩部的边框，在伤员身体上部形成至少 3 个交叉后，打两个半结（图 8-12）。打结时保持扁带处于张紧状态。

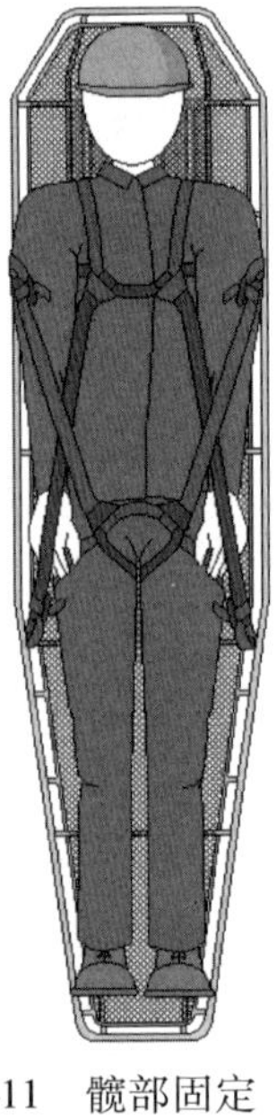

图 8-11　髋部固定（三）

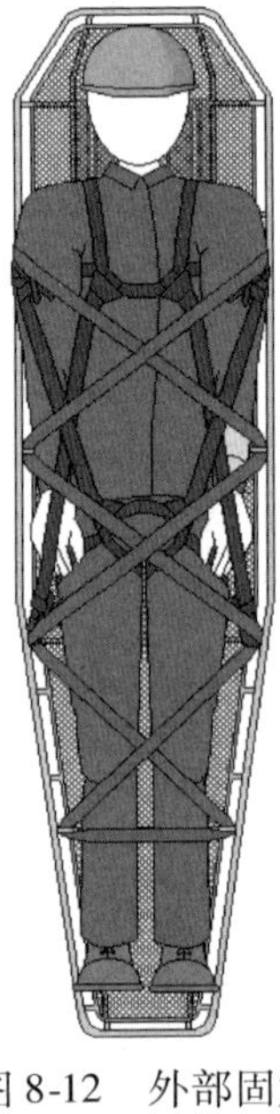

图 8-12　外部固定

如果地面平坦，伤员固定原则上在地面上进行。救援人员尽可能用膝部抵住担架，防止其发生移动。在固定的过程中，与伤员进行沟通并安抚其情绪。

三、脊柱骨折伤员的固定

担架本身通常不具备脊柱固定的功能，如果需要进行脊柱或其他部位的固定，还需要使用相关的专用装备，包括二类吊带或伤员吊带、颈托、脊柱板、头部固定器、可调节型伤员绑带（2 套）、8m 长扁带等（图 8-13）。使用这一套固定器材，可以快速对疑似脊柱骨折的伤员进行固定并及时展开救援。但是对某些伤员而言，要穿戴伤员吊带（二类吊带）可能存在困难，这时也可以使用担架内部固定（胸部固定和髋部固定）的方法进行伤员固定。伤员绑带虽然具有一定的可调节性，但对于儿童或某些体型过大的成人使用效果不佳，这时可以考虑使用担架外部固定的方法进行固定。

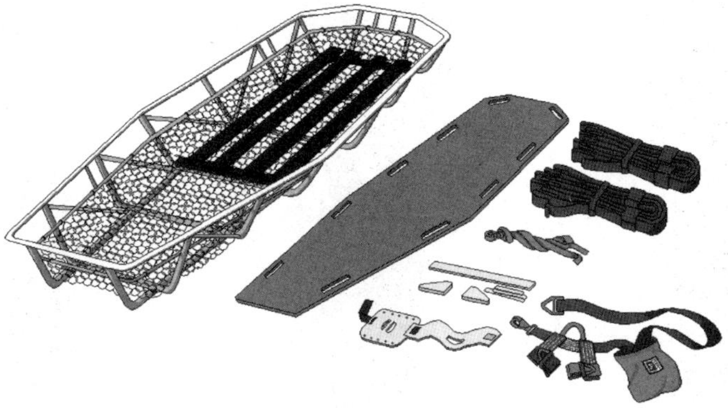

图 8-13　脊柱骨折伤员固定器材

对疑似脊柱骨折伤员固定时，首先要给伤员穿戴伤员吊带（或半身式安全吊带）（图 8-14）。如果怀疑有头、颈部损伤，应为其带上颈托，然后将伤员平稳移至脊柱板上，安放头部固定器（图 8-15），并用伤员绑带固定。将伤员及脊柱板一起放置于担架内（图 8-16）。对折 8m 扁带，穿过伤员吊带中部吊环，制作单套结（Lark′s Foot），扁带两端分别拉紧，下压伤员肩部后，绕过担架边框，打两个半结固定（图 8-17）。将伤员绑带分别放置于伤员肩部、胸部、髋部、大腿、小腿部位，绕过两侧边框，拉紧并上扣（图 8-18）。

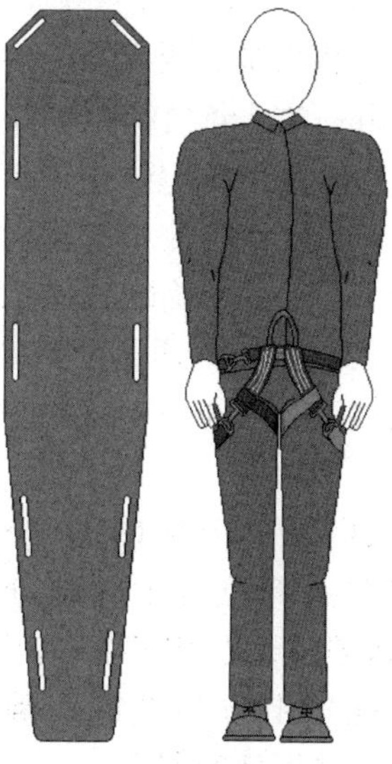

图 8-14　穿戴伤员吊带

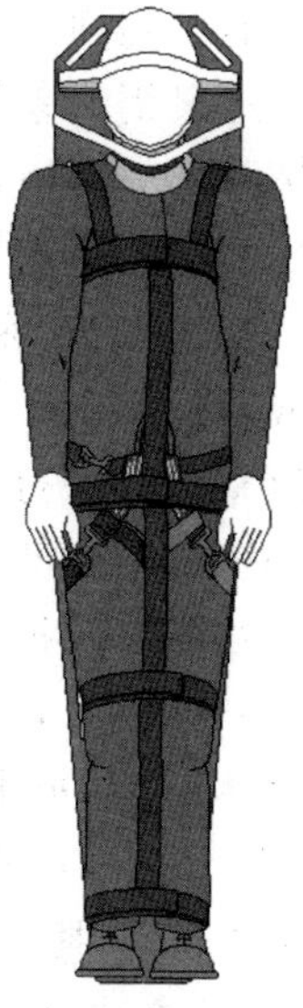

图 8-15　脊柱固定

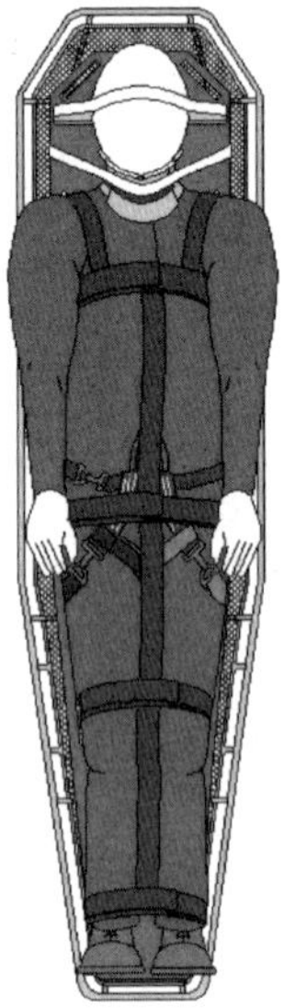

图 8-16　脊柱板移入担架

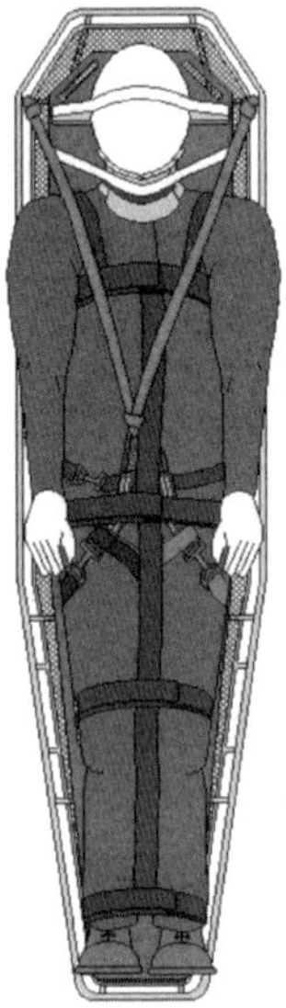

图 8-17　扁带固定

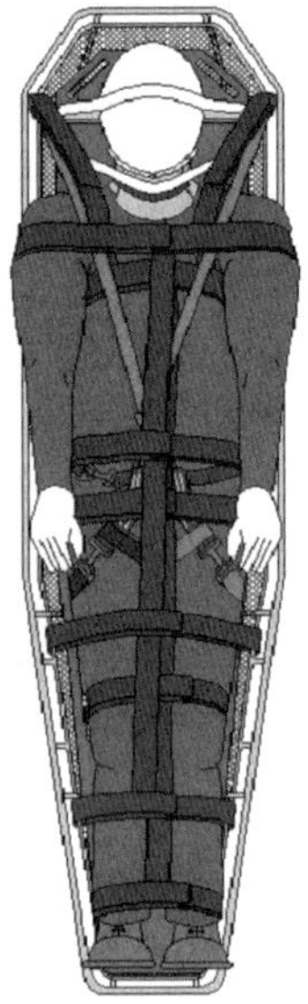

图 8-18　伤员绑带固定

第三节　担架护送

一、担架附着

担架附着，是将担架通过扁带、安全绳、安全钩等与主绳和确保绳相连接，以便于通过提升系统，在救援人员的护送下将伤员运送至安全区域。

通常情况下，可以使用 1. 5m 的扁带或 2. 5m 的安全绳将担架系缚至主绳和确保绳。常见的附着方法有以下四种。

方法一：将 1. 5m 的扁带沿担架头部主框架部分从内侧向外侧缠绕，两端打水结（Water Knot）。自担架头部位置中间部分向上提拉已打结的扁带，并进行适度调整，确保打结部位未在担架主框架上。将扁带通过安全钩连接至锚分配器中部，锚分配器上方与主绳和确保绳连接（图 8-19）。这种方法操作简便，但负荷强度在四种方法中最小。

方法二：将 2. 5m 的安全绳沿担架头部主框架部分从内侧向外侧缠绕，两端打双渔人结（Double Fisherman′s）。自担架头部位置中间部分向上提拉已打结的安全绳，并进行适度调整，确保打结部位未在担架主框架上。将安全绳通过安全钩连接至锚分配器中部，锚分配器上方与主绳和确保绳连接（图 8-20）。此方法强度较高，耐磨损，但操作过程耗时较长。

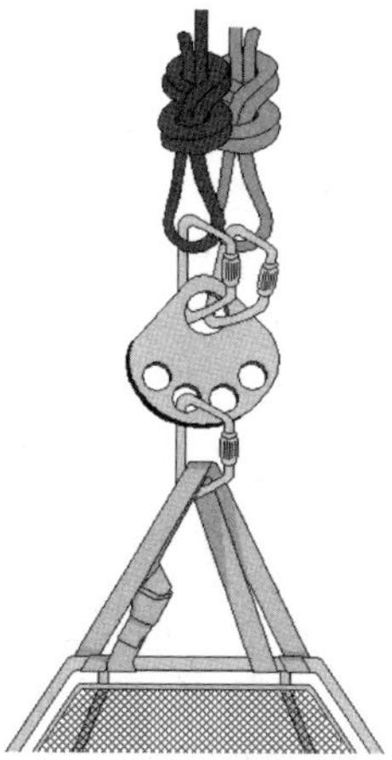

图 8-19　担架附着（一）

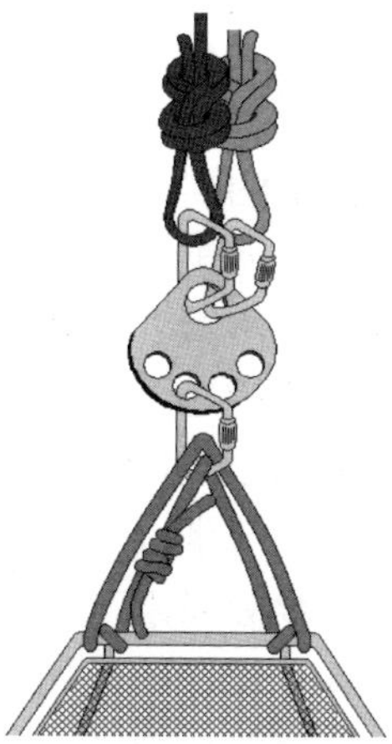

图 8-20　担架附着（二）

方法三：将两条 1.5m 的扁带分别沿担架头部主框架一侧缠绕两圈后，两端打水结。向担架头部上方中间部分提拉已打结的两条扁带，并进行适度调整，确保打结部位未在担架主框架上。将两条扁带分别通过安全钩连接至锚分配器中部，锚分配器上方与主绳和确保绳连接（图 8-21）。此方法两根扁带分别系缚，安全度较高，但操作程序在四种方法中最为复杂、耗时最长。

方法四：使用 1.5m 的扁带（或 2.5m 的安全绳）沿担架头部主框架部分从内侧向外侧缠绕，两端打水结（安全绳打双渔人结）。自担架头部位置中间部分向上提拉已打结的扁带（或安全绳），并进行适度调整，确保打结部位未在担架主框架上。将扁带通过安全钩直接与主绳和确保（安全）绳连接（图 8-22）。此方法需要的器材最少，但制作完成后难以调整。

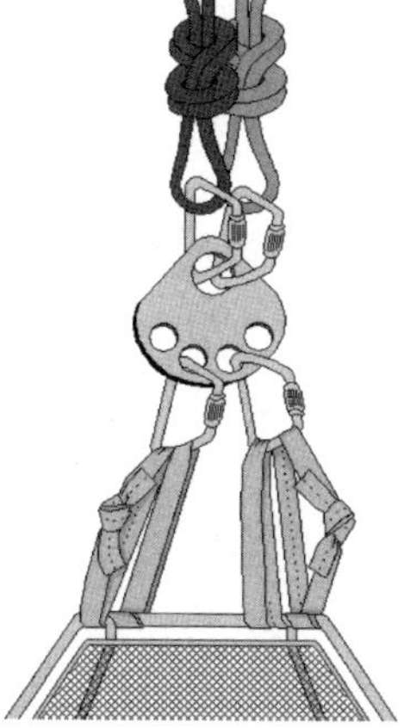

图 8-21　担架附着（三）

图 8-22　担架附着（四）

二、担架护送

在附着担架的同时，救援人员也需要在担架周围完成自身与主系统和确保系统的系缚，以便于在担架提升过程中运送担架、看护伤员。通常情况下，根据伤员的重量、体型、装备、地质、坡度和救援人员体力，应由3~4名救援人员进行担架的护送。

（一）预装担架系缚带

预装担架系缚带（Litter Harness Pre-rig）由安全绳、普鲁士结、安全钩等构成，用于将救援绳索（主绳和确保绳）、担架和救援人员连接在一起。预装担架系缚带具有较好的适用，可较为便利地用于低角度救援、高角度救援和高空救援。预装担架系缚带下端通常含有两个连接带（图8-23）。

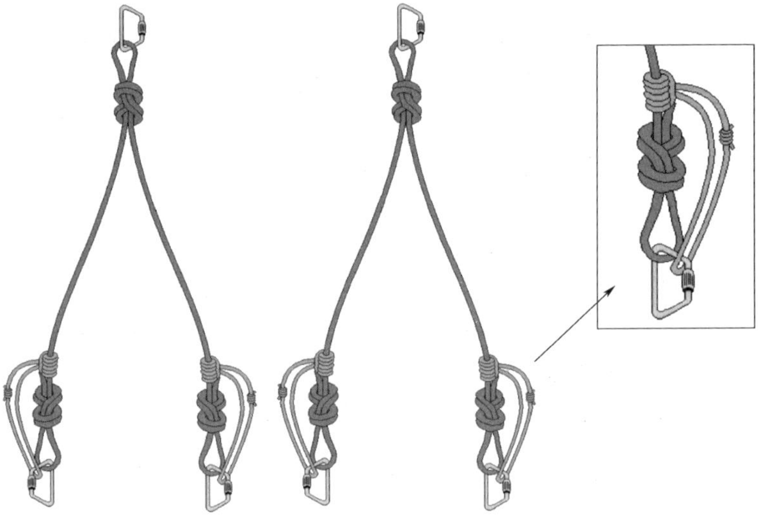

图8-23 预装担架系缚带

预装担架系缚带的制作程序如下：

（1）选择1根长度为5m的安全绳，在安全绳中部制作单环8字结（Figure Eight on a Bight），绳环上加挂安全钩。

（2）在安全绳两绳头部位分别制作单环8字结，绳耳上加挂安全钩。

（3）两单环8字结上方制作3圈普鲁士结，并将3圈普鲁士结与绳耳中的安全钩连接。

（二）3人担架护送

3名救援人员进行担架护送，通常由1名救援人员位于担架下部、伤员足部位置处，另 2 名救援人员分别位于担架两侧、靠近伤员肩部位置处。

取出 2 条预装担架系缚带，将其中 1 条预装担架系缚带中部的安全钩连接至锚分配器最外侧（左侧）的孔洞中。将另 1 条预装担架系缚带中部单环8 字结、3 圈普鲁士结和安全钩进行拆解，只保留安全绳两端的单环 8 字结、3 圈普鲁士结和安全钩。将安全绳一端的单环 8 字结上连接的安全钩连接至锚分配器最外侧（右侧）孔洞中。将另一端绳头牵引至担架足部位置，在经过担架胸部位置时加挂安全钩，以保证连接带不会摩擦伤员面部（图 8-24）。

3 名救援人员分别将所在位置预装担架系缚带的安全钩与所穿戴的安全吊带腰部前方的 D 形环相连接，并适度调整 3 圈普鲁士结的位置（图 8-25）。

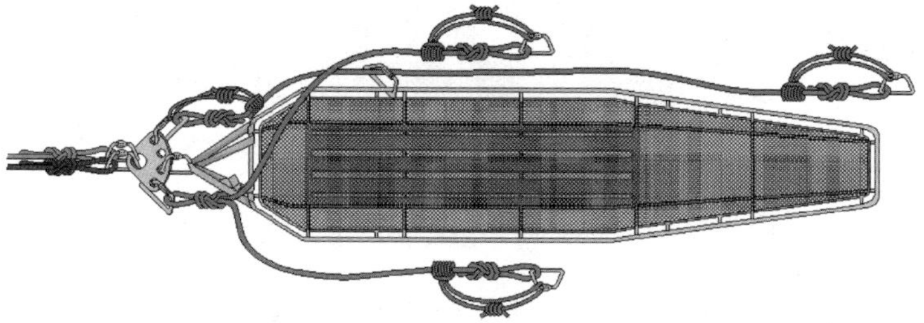

图 8-24　3 人担架护送时预装担架系缚带的装配

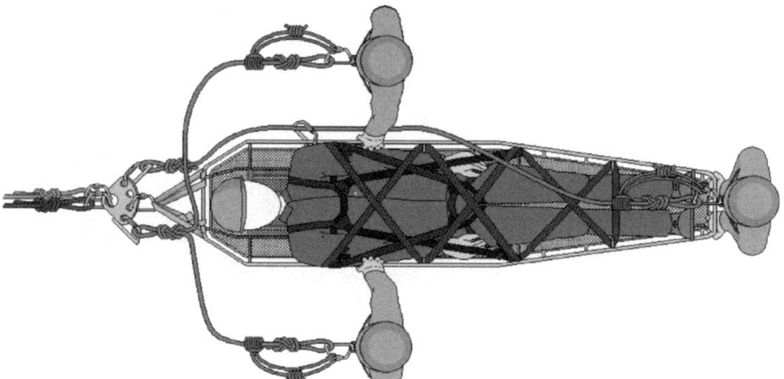

图 8-25　3 人担架护送范例

3 人护送所需人员和装备较少。在坡度较大的情况下，救援人员所分担的伤员重量较小；在坡度较小的情况下，救援人员所分担的伤员重量较大。特别是位于足部位置的救援人员难以看到脚下的情况并主动进行应对。

（三）4 人担架护送

4 名救援人员进行担架护送，通常是 2 名救援人员分别位于担架两侧、伤员胸部位置处，另 2 名救援人员分别位于担架两侧、伤员膝部位置处。

取出2条预装担架系缚带，将预装担架系缚带中部的单环8字结、3圈普鲁士结和安全钩进行拆解，保留安全绳两端的单环8字结、3圈普鲁士结和安全钩。

分别将2条预装担架系缚带一端的安全钩连接至锚分配器最外侧孔洞中，将另一端绳头牵引至担架足部位置。

将3圈普鲁士结的绳环从与锚分配器相连接的安全钩中取出，向下移动至担架左右两侧胸部位置，加挂安全钩（图8-26）。

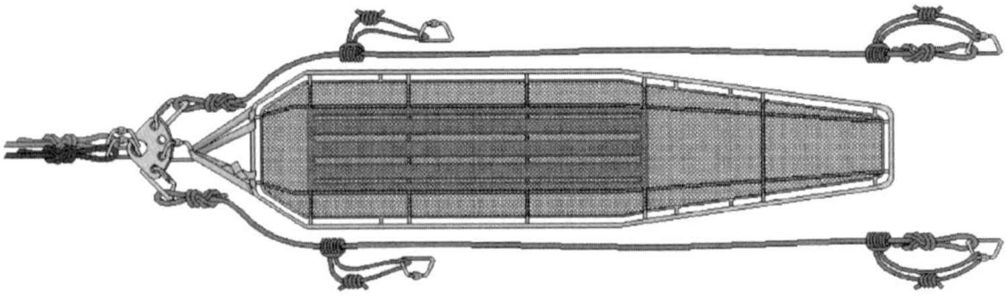

图8-26　4人担架护送时预装担架系缚带的装配

4名救援人员分别将所在位置预装担架系缚带的安全钩与所穿戴的安全吊带腰部前方的D形环相连接，并适度调整3圈普鲁士结的位置（图8-27）。

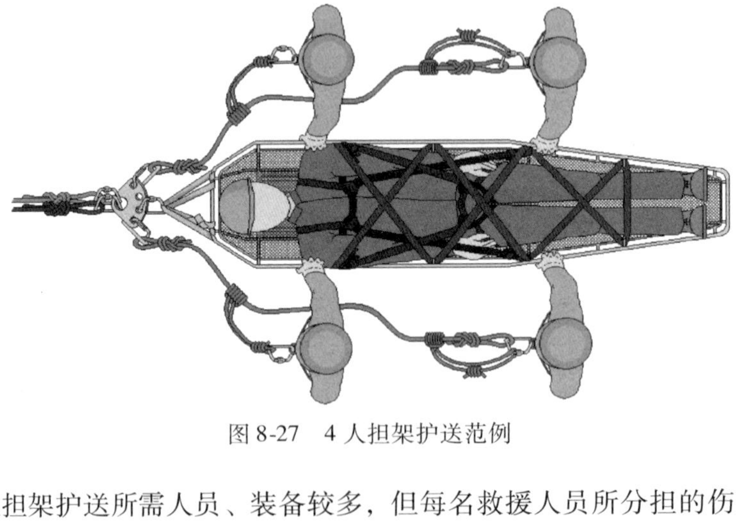

图8-27　4人担架护送范例

4人担架护送所需人员、装备较多，但每名救援人员所分担的伤员重量较小，而且每名救援人员都能看到脚下的情况并主动进行应对。

参考文献

[1] 公安部消防局．中国消防手册．上海：上海科学技术出版社，2007.

[2] 公安部消防局．特勤业务训练．北京：文汇出版社，2000.

[3] GA 494—2004　消防用防坠落装备标准

[4] NFPA 1983 Standard on Life Safety Rope and Equipment for Emergency Services，2006.

[5] IRATA International. IRATA International Code of Practice for Industrial Rope Access

[6] Duane Raleigh. Knots and Ropes for Climbers. Stackpole Books，1998.

[7] James A. Franck，Jerrold B. Smith. CMC Rope Rescue Manual. CMC Rescue，2010.

[8] California Department of Forestry and Fire Protection. Low Angle Rope Rescue Operational Instructor and Student Manual. State Fire Training ，2007.

[9] TRT Solutions. Low to Vertical Angel Rope Rescue Students Munual. Tech Rescue Solutions，1997.

[10] SanFrancisco Fire Department. Standard Rope Practices. San Francisco，CA，2008.

[11] Ken Brennan. Rope Rescue for Firefighting. PennWell Books，1998.

[12] Pat Rhodes. Rhodie's Guide to Rescue Knots：The 3rd Edition of Knots for the Rescue Sevice. Createstpace，2014.

[13] Primedia. Rope Rescue：level 1. Delmar Pub，2000.

[14] Primedia. Rope Rescue：level 2. Delmar Pub，2000.

[15] Primedia. Rope Rescue：level 3. Delmar Pub，2000.